夢のある
営業マンは
ワンマン
カンパニー
でやりなさい

沼尾友義
Tomoyoshi Numao

文芸社

本書は『リストラに負けない！』（二〇〇三年　碧天舎）に加筆・再編集したものです。

はじめに

私は学者や評論家ではない。経営コンサルタントでもない。

社員はたった一人のワンマンカンパニーで、三十五歳より七十五歳まで四十年間にわたり、年商一億～二億円の売上げを達成し続けた、私はセールスマンである。

私の四十年間の「営業経験の仕事術」を公開したのが、この著書である。

別の見方に変われば組織より解放された、松竹映画の現代版「寅《トラ》さん」である。

営業マンはワンマンカンパニーを設立し、だれからの指示、命令、ノルマも受けず、人生を楽しみ資金的に豊かで、自分のペースで好きなことをして一生を終わりたい。

この本は「ものの売り方」という経営コンサルタントの本ではない。彼らには飛び込み営業の販売の実践経験がない。

私はサラリーマン時代、会社組織になじめず、左遷され、あげくの果て、同僚も上司もいない、東十条の研究所の一室に三年間一人で閉じこめられ、悩む毎日だった。

そんな毎日を繰り返していたら、ついに睡眠不足と食欲不振で、自律神経失調症になり、自殺願望の人間になってしまった。これは経験した人しか分からないが、目マイと下痢が突然来るので、安心して電車やバスに乗れないのである。

最終的には大学病院、心療内科に三カ月入院し、心を内観し、人生観を変えるきっかけになった。

（そうだ、人生は短い、我慢することはない。好きなことを思い切ってやろう、失敗しても良い。人生は一回だ、戦争中の特攻隊になったと思えばなんでもできる）と心に誓った。

あの時の決断力がなく、会社に残っていたら、私は無表情の廃人に近い人間になり、その後の人生をどのように歩んだか、分からない。

たぶん社畜になり、すべてに反抗せず、本来の人間性を失って、定年になり、呆け老人になっていただろう。そんな人生を選んで良いのか？　深く悩んだ。

私は三十五歳で独立し、たった一人で初年度売上げ二億、営業利益四千万を計上した。まさに夢のような成果だった。その後も、仕事は順調で、七十五歳になった今でも、充実した生活をしているし、海外にも仕事と観光で旅行している。これは「運」だけではない、やはり「決断力」だと思う。

体験上、会社の評価と社会の評価は別であると思った。

会社では人間を正当に評価してくれなくても、社会では正当に評価してくれる。特定の会社の上司の評価より、世間一般の人の評価が正しいと思った。いろいろな物の見方があっても、社会の評価が本当の評価である。

現在、会社員でいろいろ悩んでいる人（会社の将来に希望のもてない人、仕事の内容に不満の人、あなたの能力を会社が評価してくれない人）は独立してください。

自分の意志で自分の人生を開拓してください。独立すれば、サラリーマン時代の三倍の能力を発揮でき、三倍の仕事ができます。理由は、社内への根廻しや、社内営業がまったくないので、社外営業つまり本来の仕事に全力投球できるからです。また収入は努力すればするほど無限に増大します。

なぜなら稼ぎはすべて自分個人への利益になるからです。仕事へのヤル気がまったく違います。目の輝きが鋭くなります。

私の場合、初年度は会社時代の三倍の収入がありました。

失敗する可能性はあるか？　それはあります。しかし失敗を乗り切ることによって、逞しい人間に生まれ変わる可能性が高いのです。なぜなら失敗の原因を突き止め、さらなる勉強するからです。失敗から来る体験的勉強（試練）も歓迎して下さい。逞しさはあなたにとって一生の財産です。そのうちどんな困難でも「どんと来い」という気持ちになります。つまり「七難八苦」俺に来いという気持ちです。

他人に負けたくない根性がつく、その根性があれば人生の敗北者にならないのです。

人生に仕事に挑戦し続ける人は、限らず長い目でみればみんな成功者になっている。神も味方してくれるからです。私はそのような人をたくさん知ってます。

この本は私の体験より成功の秘訣を述べたものであるが、基本的には、飛び込み営業の重要性、つまり積極的な営業方法を述べたものである。

私はだれの紹介もなく、ある会社に飛び込み営業をし、受注に結びつき、最終的には、親会社の社長（日本電産社長や昭和電工社長）にも工場の竣工式にあいさつできたのだから、これは飛び込み営業の力《チカラ》である。

営業マンなら、ぜひワンマンカンパニーを設立し独立して下さい。

独立することは、税制、生き甲斐、健康、停年、すべての面で有利です。

最近では、人生八十歳まで働く時代が来るという。定年まで同じ会社で働く人は二割くらいだという。つまり自分を「事業主」と考えて、自分でビジョンを作り計画し会社に入社するとともに、起業、副業、転職、海外生活、ＮＰＯ、趣味などをすぐに考える時代がきた。

つまり人生もいろいろ仕事を経験し、第二の人生を試みる充実した人生を送る計画を持つべきである。入社したら、定年までいると思わないで、独立、転職の準備期間だと思って仕事に励んでもらいたい。

そのような時代がついに来たのです。

目次

第二章　毎日が楽しい独立自営

第三章　独立して成功するための十四カ条

第一章　辛くて侘しいサラリーマン生活

入社（研修なしの配属）

冬のコートを脱ぐ本格的な春が来た。みんな心がうきうきしていた。

私も希望に燃え、昭和四十一年の春、サラリーマン生活の記念すべき第一歩を白光舎工業で出発した。

白光舎工業は、いすゞ自動車を主納入先とする自動車のランプメーカーであったが、多角化戦略として、プラスチックにメッキする真空蒸着製品を製造していた。当時の売上げは年商十億円、従業員八百人の中堅企業で、本社は東京の東十条駅前、工場は埼玉県蓮田町にあった。

三月に入社式が工場であり、新入社員は大卒一人、高卒十六人の計十七人であった。大卒一人には理由があった。東京オリンピックが終わった翌年で突然不況が来た。白光舎工業は大卒採用の予定がないところ、銀行の役員のコネで私だけ特別に採用してもらったのだった。

当時新入社員教育というものはなく、人事部長、労働組合の話が一日だけあり、二日目の朝より各職場に配属された。

配属された職場は工場の部品管理課であった。組立課より依頼された部品（ネジ類）を倉庫より出荷し、組立課に供給する仕事であった。

入社してしばらくしたら、一名の欠員が出たということで本社営業部のほうに突然回された。営業はいすゞ自動車への部品管理の仕事であった。

大卒の同期生もいないし、入社してまだ一カ月、心を打ち明ける仲間もいなかった。営業に配属されて二週間たった午後、私の後ろの営業課長席の電話が鳴った。だれもいないので私が電話を取ると、突然大きな声で、「K課長はいるか」との内容だった。自分の名前も告げず横柄な声だったので、私はむかっときて「だれですか」と聞くと、「君こそだれだ」と言う。自分の名前を言うと、「Tだ」と言って一方的に電話を切った。

このやり取りのあと、「Tさんとはだれですか」と隣の先輩に聞いた。

先輩は言った。

「Tというのは副社長だよ。我が社は副社長のワンマン会社だからなぁ、T副社長の御機嫌を悪くすると、どんな所に飛ばされるか分からないよ。場合によっては蓮田工場の三交代要員かなぁ。何せ三交代要員は、金にはなるけど仕事はハードで退社する人が多いんだ。若い人で勤めは無理だよ」

副社長の電話応対ミスの件も忘れかけていた一週間後の夕方、課長が私の肩をたたいた。「一緒に俺についてこい」と言う。いやな予感がしたが、ついに「来たかなぁ」と思った。そして一緒に副社長室に入った。

副社長は、私の顔を見るなり大声で言った。

「君、工場に転勤だ。三交代要員だ。明日から行ってくれ」

(やっぱり三交代要員か)と心の中でつぶやいた。

当時、カラーテレビの前面パネルを金色にすることが流行していたが、白光舎工業は国内市場をほぼ独占し、会社の儲《もう》け頭であった。

だから蓮田工場の真空蒸着課は非常に忙しく、二十四時間操業で休みはお盆と正月だけだ。

一言で言うなれば、そこの現場労働者になれということだ。大卒ではだれ一人としてやった例がない。

大学新卒として会社に入り、二カ月間に三回も職場が変わり今度は現場労働者だ。こんなことを、会社を紹介してくれたK銀行のM役員には言えない。父や母にも言えない。今回の異動は、電話応対の悪さに対する新入社員の私への懲罰人事だ。

アパートに帰り一人で泣いて心に誓った。「こんなくだらない電話応対ミスで、深夜労働者に配転させる会社は自分では絶対辞めない。仕事は一日も休まず、徹底的に残業して見返してやりたい」。それが男の意地である。

就職試験は二十四社すべて不合格になり、ようやく縁故で採ってもらった会社だ。その点は恩義を感じている。

また、二十四社すべて面接で不合格になった屈辱を乗り越えて、希望に燃えてやっと入った会社だ。苦労して入社した会社を、どのような理由であれ、たった二カ月で退社とは私の負けだ。「負けたくない」と何度も心に誓った。

営業部に配属されて、会社の電話番号も覚えていないし、自分の名刺もできぬ間に一週間でお客さんの所へ一人で出張だ。新人教育はないし、上司はまったく何も教えてくれないで、あげくの果てには製造所の三交代要員だ。すべてがめちゃくちゃだ。

相談する相手もいない。心の奥から急に会社のやり方に怒りがこみ上げて止まらなかった。無能な上司は、ただ自分だけの仕事をして、私をまったく無視した。

しかし反面、私の根性を見せてやる、よいチャンスだと思った。根性だけは人に負けない自信があった。徹底的に働いて、一日も休まず模範現場労働者になってやろう。

会社側はハードな労働についてゆけず、すぐに辞めるだろうと期待しているに違いない。

そうだ、会社側のまったく期待外れにしてやろう。仕事は辛いけれど、その分収入は高いと聞いている。会社が嫌がるほど残業するのもよいと思った。

会社では私のことを並の人間と見ているのだろう。いや落ちこぼれと見ているかもしれない。高校時代にラグビーで鍛えた忍耐力、大学時代の仏語の猛勉強（大学一年のとき、語学五科目すべて不可。ただし二年になったらすべて優）、ヤワな人間ではない。今こそ力を発揮してみんなに私の忍耐力を見せてやると思った。どんな苦難でも乗り越える自信がある。「我に七難八苦を与えたまえ」が大好きな言葉だ。

そう思うと会社への恨みは自然と消え、やってやるという強い決意だけが残った。

製造所三交代工員になる

さっそく工場より歩いて五分の工員寮に入った。一室四人室の八畳間の和室だった。工員寮は仕事から帰ってくると寝るだけの場所である。

三交代勤務とは、朝の八時より夕方五時までの勤務時間が一交代、夕方四時より夜の十一時までが二交代、そして夜の十一時より朝の八時までが三交代であった。一週間ごとに勤務時間が順次替わり、繰り返す勤務体制である。

厳しい労働なので若い人には勤まらないし、主力はお金目的の中高年であった。仕事の内容は、カラーテレビのパネルにスパッタリングする真空蒸着であった。作業場所は清潔であったが、立ちっぱなしで肉体的には辛かった。

実際、一交代の勤務時間は五時までといっても、夜十時までは残業をした。十三時間連続勤務で残業時間は五時間だった。寮の室に帰ってもいる場所はない。布団に入って寝るだけなら、会社で働いて残業代を稼ごうと思った。

二交代の勤務になると、夕方四時より次の日の朝の八時まで働いた。深夜残業手当（賃金の五割増）がつくので最も稼げる勤務であった。

三交代は夜の十一時よりであったが、夜八時に会社に行き翌日八時まで働いた。

朝九時に寮に帰り、体をタオルで拭いて三時まで寝た。昼間なので自動車の騒音がうるさい。肉体的疲労だけが睡眠薬だ。ただし昼間だから四人室を一人で独占するのはぜいたくだった。昼間、外部の友人より電話が来るのは困った。私が夜勤しているなんてだれも知らない。

当時カラーテレビのブームで、工場の装置機械は二十四時間フル稼働であった。何時間残業をしても、もう少しやってくれと言われるくらいで、残業は無制限であった。

毎日曜日は工場は休みであったが、私は会社には出勤した。ただし月一回の日曜日の休み、洗濯と床屋に行った。このような苛酷な勤務を、一日の休暇も取らず二年間勤めた。

副社長より三交代を告げられたときの悔しさは忘れない。ただし徹底的な残業をし、残業代で会社へ復讐してやろうと思っていたから、仕事の苦しさではギブアップはしない。並の人間とは根性が違うことを副社長に見せてやりたい。

私は二十二歳であった。当時の大卒の初任給は二万円で、一割の二千円を預金できればよいほうであった。

しかし、私の手取り月給は六万円であった。手取り月給六万円といっても六万円の性格が違う。一カ月の三食の食事代を含め、衣、食、住を引かれての手取り六万円である。

室代月二千円、食事月三千円、すべて引かれての六万円である。六万円はすべて預金できた。小遣いは一日三本のタバコ代（三箱ではない）と週一回の酒代で、月三千円で十分だった。衣服関係は、会社貸与の作業衣で三十日過ごした。私服は月一回着るだけだった。

そのうち月三千円の小遣いも使わなくなった。使う時間と場所がない。また外に行って遊ぶ気もしなかった。

どんな苛酷な長時間労働でも、他の人とは根性が違うので絶対やり抜けると自分で思っていた。

三交代勤務も三カ月経過すると、この仕事が天国のように思えた。寒冷のシベリア抑留の捕虜や餓死続出のビルマ戦線の兵隊のことを思えば、「白い飯もたらふく食える。布団の上で寝られる。ぜいたくにも風呂にも入れる。そしてタバコまで吸える」。

そのような日常生活がいかに幸福か実感できた。俺はこのように生きている。そして命の心配も食事の心配もない。これ以上の幸福。人間、何を求めるのか。それが強欲というものだ。それ以上の幸福を望むと地獄に落ちると思った。昼休み、ベンチに座り白い雲を見るだけで私は本当に幸せだとつくづく思った。この幸せを十分満喫できるのは、神様のプレゼントだと思い、しばらく瞑想した。

自分の預金が一年間で六十万円貯《た》まった。この計算だと二年間では百二十万の預金だ。工場のある蓮田の土地代は坪二万円であった。一年なら三十坪、二年なら六十坪の土地が買える。三年勤めれば家も建つ。なんだか将来の希望が湧《わ》いてきた。

当時寮にいた社員は、寮を出るとき近くの家を買って引っ越す人がいたが、別にめずらしいことではなかった。それだけ土地が安かったのだ。

三交代勤務が二年経過した春、元の営業部の販売課に戻る人事異動があった。営業部といったが今度は弱電担当の販売である。三交代をもう一年続けて家を買うという予定はつぶれた。

しかし二年間の預金が百二十万貯まったので、不足分を父より借りて、大宮の土地を六十坪買った。現在住んでいる土地が三交代で稼いだ土地だ。百二十万ということは、現在のお金で一千五百万円くらいの価値だと思う。

サラリーマンのスタートで自分の土地を無借金で持てるなんて、将来の独立のときの強い支えになった。

ちょっとした電話応対のミスで工場の三交代要員になった。一つは会社への抗議の意味もあって徹底的に働いた。会社の寮で寝る以外はすべて働いたのである。

見方を変えれば、三交代工員を二年やったことは幸せであった。自分の根性が再認識できたし、サラリーマンの第一歩で百二十万（現代の価値で約一千万以上）の預金ができたことは、大きな財産になった。

二十四歳のとき必死に働いた、思い出の旧白光舎工業蓮田工場の面影は今はない。現在は大手商社により再開発され、スーパーマーケットに生まれ変わっている。

当時の花形、松下電器担当者になる

二年間の三交代勤務を無事終了し、元の営業部の職場に戻った。たった一カ月とはいえ、前にいた職場なので、みんなが温かく迎えてくれた。

仕事の内容は、無味乾燥な自動車部品営業ではなく、家電担当だった。自動車部品納入営業は官僚的であるが、弱電部品営業は個人の能力を十分に発揮できる部門であった。

当時はカラーテレビ全盛時代であり、松下電器の利益の半分はカラーテレビが稼いでいた。カラーテレビは日本経済成長の三番バッターでもあった。

当時、弱電会社の社風について、日立は野武士、松下は商人、東芝は貴族、三菱は殿様などといわれていた。

その中で私が最も影響を受けたのは松下電器の社風であった。松下電器の社内報である「松風」を私の自宅に送ってもらい、松下幸之助のつくったPHP研究所の本を無料で送ってもらい、松下電器に出入りする協力工場を松下イズムで洗脳するまではいかなくても、松下電器の経営方針を少しでも理解してもらおうとしていた。

私は自宅に送られてくる松下電器の社内報を読んでいると、知らず知らずに松下イズムの理解者になり、自分の会社の社訓は忘れても、松下電器の社訓は暗唱していた。自分のことを松下の人員ではないかと錯覚したくらいだ。私はたった二年間しか松下電器を担当しなかったが、松下電器という会社が好きだったし、購買部門の人とは仲がよかった。

松下電器担当を外れて十年たっても、私が独立したときに、積極的に得意先を紹介してくれた。松下電器購買部の紹介は、直接、協力工場の社長に電話するので、非常に強力な紹介であった。

もう一社の担当会社は日本コロムビアであった。美空ひばり専属のレコード部門は黒字であったが、弱電部門は赤字であった。仕事の話をしていても、いつの間にか銀座へ飲みに行く話になったりした。工場の前は川崎競馬場であるので、各職場の代表が各人の投票をまとめ馬券を買いに行っていた。春になるとストライキばかりしていたが、ストライキ中でも馬券買いはやめることはなかった。

今では日本の製造業は低賃金を求めて、ほとんど中国に行ってしまった。当時の日本は低賃金を武器に弱電を世界に輸出していた。時代は大きく変わった。

日本でのロボットの夜明け（セールス時代）

白光舎工業と市川製作所が合併し市光工業となった。

松下電器の売上げも減少し、だんだんと仕事がなくなると、担当役員よりロボットの担当を命じられた。

この上司の命令は、私の人生にとって運命の別れ道になった。ロボット販売を担当したことによって今日の私がある。その運命には感謝せざるをえない。

昭和四十五年は日本のロボットの黎明期であり、記念すべき第一回ロボットショーが晴海で開かれている。参加企業は約三十社であるが、アメリカのロボットの代理店や外国ロボットメーカーの提携企業であった。当時のロボットの駆動源は油圧であったが、現在はサーボモーターである。現在日本は世界一のロボット生産国である。代表的企業は、ファナック、松下電器、不二越等である。

市光工業は自動車部品メーカーなので、納入先の図面に基づいて部品を製造し、納入する下請け会社の営業であった。ロボットのセールスと下請けセールスはまったく性格の異なるセールスである。

下請けセールスは、営業といっても自分で創意工夫する余地があまりなかった。それに対しロボットのセールスは、黎明期でもあったので、セールスマンは将来来たるべき従業員の高賃金に対しての合理化の必要性を説明し、ロボットを使用することで人件費がいかに削減できるか、いろいろデータを提示し採用してもらう、非常に高度な営業であった。

工場のレイアウトから人員計画、機械償却の方法、リース制度の活用、資金計画、税務までに及ぶ、総合的な経営コンサルティングセールスである。時には合理化のためのプロジェクトチームのつくり方まで指導した。

前橋にあった設計事務所が、納入先である市光工業に資本参加を求め、子会社（市光エンジニアリング）になった。

市光エンジニアリングの社長は、技術者としては優秀だったが意志が弱く、夕方五時より酒を飲み始めると夜中まで続いた。一緒に昼食をとったとき、午後一時よりワインを飲み始め、夕方五時にはボトルを八本空けて、レストランより追い出された。社長は次の日は会社を休んだ。結局、意志が弱いのである。

子会社にしたばかりの市光エンジニアリングの社員二十名の仕事をいかに確保するかが、私にとっては強い精神的プレッシャーになった。市光エンジニアリングには営業ができる人がおらず、全面的に私に依存していた。

下請け営業しか経験のない市光工業にとっては、だれもが経験しないまったく性格の異なる営業であった。

しかし一度得意先でロボットを採用すると、生産性の向上と人件費の低減と製品の品質安定により、残りすべての成型機に取りつけてもらえるようになっていった。

有力得意先を探すのは自分の努力以外なかったし、てっとり早い飛び込みセールスに頼った。

しかし、このときの飛び込みセールスの苦労が後々、私が独立するときの武器になり糧にもなったのである。当時まだ二十六歳であったが、飛び込みセールスしか販売の方法を知らなかった。飛び込みセールスを毎日やるのは、大変な努力であり苦労であるが、新聞勧誘の苦労より少しましではないかと思い我慢した。その当時より、新聞拡販員に対して心から尊敬の念を抱くようになった。

飛び込みセールスは苦しいことだった。一件の見込客を、長時間、地図を頼りに探し当てても、担当者が忙しいという理由で会えなかったり、門前払いを食わされたり、面会するだけでも大変だった。そのような日が何日も続くとストレスが溜まった。それより飛び込みの営業努力を評価する会社の土壌がなかった。私個人は不満であったが、仕方がないことであると思った。

一生懸命働くということは、たとえ会社が認めてくれなくても、自分の能力発揮のためであり、いつかは世間一般の人が認めてくれることも分かった。

日本の大企業の社長の自叙伝を読むと、創業者は、自ら全国を飛び込みセールスで動き回っている。

大手運動靴メーカー、アシックスの社長は、創業時代、駅舎の中で寝たり、夜行汽車の中で独特の眠り方を工夫しながら全国を行商したという。

松下電器の創業者の松下幸之助は、自ら発明した二股ソケットをリュックサックに入れ、大阪から上京し、電器小売店を行商した。

東京の電器店の主人が、後になって松下電器が大きくなり、マスコミに幸之助の写真が出ると、「この店に二股ソケットを売り込みに来た人間が、今の幸之助だった」と述べている。

創業者の伝記を読むと心から感動する。いくら高度の学問を学んでも、いくら知識が豊富でも、たとえ専門分野の学位を持っていても、会社の発芽期には、セールス、研究すべて創業社長の体力勝負であり、社長の意志の強さの勝負である。

飛び込みセールスとは、強い不屈の精神力と自己管理力を持っている人のみができるセールスである。たとえ灼熱の真夏でも、台風の中でも、売上げを達成するぞという、強い目標と意志の勝負になる。

中途半端なプライドを持った人間は、そのプライドが邪魔をし、飛び込みセールスができない。

強い意志つまり忍耐力とは、私の場合、高校時代のラグビーの部活動によってつくられた。暑い合宿で、リタイヤせず最後まで残った一人である。半数以上は苦しさに耐えられず、合宿所から脱落した。

私の高校の後輩の小林氏（早稲田大学ラグビー部元キャプテン）は、ラグビーの練習は大学より高校のほうが苦しかったと言っていた。

前にも述べたが、松下電器担当時代、松下電器の七精神を暗記したが、特に好きな言葉は「力闘向上の精神」である。何かその言葉は私の体にしみ込んだようである。

一人でやるセールスは、自分自身との闘いである。私の場合、会社からの強い命令もなかったし、売上げのノルマがあるわけでもなかったが、二十人ばかりの子会社の営業窓口であって、継続して仕事を取る義務があった。自分で目標をつくり、自分で行動するほかなかったのである。

毎日飛び込みセールスをやっていると、会社に行きたくない日もたくさんあった。そのときは、最も行きやすい既存のお客さんの所に遊びに行って雑談してきた。それも立派な営業であった。

飛び込みセールスの成果の第一号は、神奈川県のY社だった。昭和四十七年、Y社初めてのロボット導入した。当時日本のロボットの黎明期であった。納入しお清めの儀式をした。ロボットが動き始めると工場の全従業員から拍手が湧いた。みんな興味津々と見ていて自然と「バンザイ」した。苦しんで売ったロボットが、みんなの視線の中で動き始めると、私も自然と涙が出てきた。そして「ロボット君、がんばってくれよ」と心の中で自分の分身のように励ました。

その会社から、全国六拠点でなんと七十台の注文が来たのだった。

「苦労は必ず実る」と思った。

私の売った五号機のロボットは、静岡県の、当時従業員二十人の零細企業だった。その会社に飛び込みセールスしたとき、T氏という当時三十歳くらいの主任が応対してくれて、ロボットのよさを理解し、社長と相談の上、一台購入してくれた。その後、この工場はすべての成型機にロボットを導入し、台数は四十台になった。ロボットを導入したことにより、生産性は二割上がった。T氏はやがて専務になり、会社は店頭市場に上場した。T氏はロボット導入の件で社長表彰を受け、私を伊東温泉に招待してくれた。

飛び込みセールスの成果は大であった。飛び込みセールスでは苦労したが、ロボットが決まったときはうれしくてたまらなかった。その夜は興奮して眠れなかった

だが上司は、私が苦労しているのを見ていながら認めてくれず、評価は低かったのでストレスも感じた。自動車部品のような下請けセールスは評価できるが、私のセールスは評価できないのであった。トヨタからマークⅡのテールランプの注文を取り、年間五億円売り上げたほうが評価は高かった。

私はストレスが溜まり、病気入院とともにロボットセールス課から異動した。しかし十年後、独立したとき、私がロボットの立ち上げ時期、苦しいセールスをしていたことを、お客さん、代理店みんなが覚えていてくれ応援してくれた。会社の評価は低くても、社会の評価が高かった。今考えると、社会の評価は正しいし、必ずいつかは報われると思った。

その後、ロボット部門の子会社である市光エンジニアリングは会社設立以来、年商二十億でありながら平成十五年累積赤字十二億円で会社を整理解散し全員解雇した。

私は独立して三年目、当時社員八人。年商三千万のユーシン精機の代理店になった当時、二十八歳の小谷社長と私は同じ年齢であり、なにか初対面で意気投合した。その後、ユーシン精機は平成三十年売上二百五十億円（一部上場）の優良企業に急成長した。まさにロボットという同業者でありながら、天国と地獄であった。

市光エンジニアリングの親会社、市光工業は、フランスのメーカーに、経営を乗っ取られ旧経営陣はすべて退任した。有能な経営者は急成長し、無能な経営者は退陣する、良い見本である。

ノイローゼになり大学病院入院

四年間のセールス活動では、知らず知らずにストレスが溜まった。ストレスの原因はいろいろあるが、子会社の市光エンジニアリングの受注高が減ると、子会社の社長から酔っぱらい声で、私の自宅に深夜電話が来る。意志の弱い社長は、酒を適量でやめることはできない。

「仕事が減った。俺の会社をつぶすのか」と、舌をもつれさせながら言ってくる。

もっと仕事を取ってこいということだ。

ロボットセールス担当者は実質、私一人だった。部長や課長は形だけだったので直接私の自宅に電話が来た。

市光エンジニアリングの社長は、酒の飲みすぎで肝硬変になり亡くなった。

私も仕事上のストレスを人に話してストレスを晴らすということをしなかった。

私の若年性高血圧症は日頃のストレスと無理な関西出張が重なったためだ。

朝五時半に家を出発し、七時の新幹線に乗り大阪に十一時に着く。関西のお客さんを二、三件回り夜の七時の新幹線で帰る。当時、片道四時間かかった。ハードスケジュールで、家に着くのは深夜だ。いくら若いときラグビーで鍛えた体力であるとはいえ、家に帰るとくたくたで歩けないときもあり、疲れて眠れないときもあった。当時の新幹線は名古屋から東京までノンストップだ。静岡を過ぎると急にイライラし椅子に座っていられない。

ストレスは突然「目マイ」となって現れた。

ストレス解消のため深酒した次の朝、ベッドから起き上がろうとしたところ、突然「目マイ」が起きた。死ぬかと思った。すぐに救急車で近くの病院に入院し、二日会社を休んだ。「目マイ」の原因は分からないまま退院した。次の日、会社へ行かなければならない責任感でいっぱいであった。病気で会社を休んだのは入社以来初めてだ。私しかできない仕事が溜まっている。どうしても会社へ行こうと思い、通勤の電車に乗ったとたんに「目マイ」が来た。会社に行こうと気ばかり焦っている体が拒否している。体が私のいうことを聞かない。気持ちと体がバラバラだ。新婚二年目の女房は、「しっかりして、おとうさん」と励ますが、ますます気が滅入る。急に脈が速くなったり、お腹がなったり、自分の体を自分でコントロールできない。

近くの病院に行った。

「自律神経失調症です。つまり軽いノイローゼ、一カ月ゆっくり仕事を休んでください」の診断だ。

このままではいやだ。明日会社に行けばこの病気は治る、いや治してみせると思い、通勤電車に乗った。今度は心臓が激しく脈打った。気分が悪く吐き気がした。やむをえず次の駅で降りて鏡を見た。

「精気のない、目が死んだ、やつれた、この顔は本当に俺なのか」と自分で思った。自分で情けなくなった。自律神経失調症がこんなに苦しいとは。

「もう駄目だ、俺は死にたい」「電車に飛び込みたい」衝動が走った。しかし飛び込む度胸はなかった。

「こんな状態では今後、俺はどうなるんだ」

不安がますます高まると夜は眠れなくなった。

「すべてが駄目だ、絶望だ、再起はできない」と思い、一睡もしないで朝を迎えた。

「すべてを捨てて山奥のひなびた温泉宿に行こう」と思ったが、「大きな病院に行って検査を受けたほうがよいのではないか」と思い直し、田舎の大学病院の講師をしているいとこに電話し、事情を話した。入院してゆっくり休もうと思った。

いとこは、やつれて、やせた私を見てびっくりして、病院の見晴らしのよい二人室をすぐ予約してくれた。

一カ月間思いきり大学病院に入院した。病名はストレスから来るノイローゼだ。治療も検査も最小限にしてもらった。毎日緊張し、イライラし、ストレスを溜めながら仕事をした結果、ノイローゼになった。

子供のころ毎日眺めていた男体山。男体山は冬が一番美しい。病室の窓いっぱいに広がった冬の男体山と対座し瞑想した。

朝日の男体山、夕暮のシルエットの男体山、毎日対座し、会社に入ってからの八年間を内観して人生についていろいろ考えた。

ノイローゼになったのは自己中心主義から来る心の疲れだ。仕事はいくらやっても疲れない。やはり会社の人間関係から来る疲れだ。売上げばかり考えて猪突猛進でやりすぎた。人生はマラソンだ。それを全力で走りすぎた。いくら仕事ができても、チームワークが悪く上司の受けが悪かったら駄目だ。

自分の性格を直そう。性格が直らないと病気は治らない。人生で一番重要なことは健康だ。お金でも地位でもない。すべてを捨てて素直に感謝する。客観的に物事を判断してゆっくりやる。いろいろ思って反省した。

二人室のもう一人の患者も、会社に行こうと思っても行けない、会社恐怖症であった。話しかけたところ、その人は、「前の会社でものすごく重要な仕事をやって、そのストレスで入院した」と言った。

私と同じ病気だとてっきり思って、どんな仕事なのか聞いた。

「お昼のサイレンを鳴らす仕事。俺が鳴らすのを忘れたら、みんなお昼が食べられない。俺には仕事が重すぎた」

真面目な顔で私に言った。彼の主治医は有名な精神科医の小田晋先生で、若いときこの病院に勤務していた。小田先生も大変な患者を持ったものである。

一カ月間入院し、新境地を開いて、元の職場に戻ったらロボット担当者が三人になっていた。会社側もハードだと思ったのだろう。みんなと協調して仕事をした。売上げ、売上げと騒ぐ子会社の社長は無視した。職場の仲間は、私が仏門に入り、修行して悟りを得た僧のようだと言った。まさしく仕事中毒から解脱した、別の人間になっていた。

自分の心境の変化の一方で、悲しい出来事が起きた。

長女、小児ガンで亡くなる

自宅の庭の白木蓮が満開になり、真っ赤な大椿の花と見事なコントラストをなしていた。そんな中で遊んでいた長女、彰子は、顔色が日々悪くなり、何か（普通の貧血ではない）と思った。

近くの小児科医に診てもらったところ、小児科医は娘の顔を見るなり大学病院に電話した。

「今、連絡しました。すぐ日本医科大学に行ってください」

と先生は言った。

大学病院に着くと、宿直の先生が二人、玄関に待機していた。このことで、先生に言われる前に病気の重大さが分かった。

三日後、主治医より「急性骨髄性白血病」と言われた。私は何か落ち着いて「分かりました」と言って室を出た。「全力を尽くして治してやろう」と心に誓った。

娘は三歳八カ月であり、幼稚園に入園する準備をしていた。二女は六カ月の乳飲み子で、長女の看護上、私の姉に預けた。

当時、白血病に対して「骨髄移植」という治療法はなく、発病後一年くらいで亡くなる難病中の難病であった。

病院では小児ガンの仲間が三十人くらいいて、月一回小児患者の誕生日を祝う誕生会があった。その楽しみのために、苦しい検査や治療に耐え、それぞれの仲間がお互いにがんばっていた。娘は同じ病気の愛ちゃんと友達になり、ピンク・レディーの「ペッパー警部」を、病室でペアで踊りながら歌っていた。病院の中での楽しい一コマであった。

しかし、一時「寛解（症状が一時的に軽減すること）」になったが、すぐ再発し、一月に再入院した。六月ごろにはほとんど点滴が取れることはなく、目のまわりも黒く、退院はもうできそうになかった。

九月には娘の誕生会があり（誕生日は九月八日）、ぜひ出席するのだと、三カ月前より楽しみにしていた。まわりの人もぜひ出席させたいと願っていた。待ちに待ったその日、点滴を取ってもらい、看護婦さんよりお祝いのケーキと記念品をもらって、「ペッパー警部」を一人で歌い、みんなより五歳の誕生日を祝ってもらった（いつも一緒に踊っていた愛ちゃんは八月八日に亡くなっていた）。それは娘の最後の晴れ舞台であった。娘は会が終わるとすぐ個室に戻り、苦しい点滴の治療が再開された。

亡くなる前の日、付き添っている妻より会社に電話があって、「アッちゃん（彰子の呼び名）がパパに会いたがっている」と言った。急いで病院に行った。

娘は私の顔を見るなり、「パパ抱っこ」と言って起き上がろうとした。それは、五年間一緒に暮らした娘の別れの言葉であった。目だけが異常に光っていたのは、内臓からの出血が止まらず、本人も「死」ということが少し分かっていたからであろう。娘は先生に、素直に「ありがとう」と礼を言った。

次の日の朝、「目が見えなくなった」の言葉を最後に息を引き取った。十月十日、体育の日であった。

娘はまだ字を書けなかった。「アッちゃんのことを忘れないで」というサインをくれた。

それは今でも私の守り神としてサイフの中にある。

娘が亡くなり、私はいろいろ娘に教えてもらった。たとえ短い一生でも、毎日、毎日、全力で生きることの大切さや、また、人はいつ、だれかに世話になるかもしれない。感謝し、謙虚に生きようと思った。

死ぬ三日前、家のザクロが実ったことを病室の娘に告げると、「アッちゃんが退院するまで食べないで」と言った。そのザクロも冬の訪れとともに落ちた。

彰子が亡くなったとき、私は初めて短歌をつくった。


「パパ抱っこ」とせがむ吾子パッと目開き死間近なり

花火の音打ちあげられるまつりの日吾子の主治医は臨終を告ぐ

五才にて遺骨となりぬ我吾子にそっと語るる声は小さし

一度は経験したい経理課

販売本部の解散に伴い、販売本部の人は各子会社なり工場に配転になった。私は、長女が白血病ということもあり、本社経理課に配属になった。

本社ビルは、品川区東五反田の池田山にあった。経理部は本社ビル四階で高級住宅地「池田山」を一望できる見晴らしのよいオフィスだった。若い女子社員も多く楽しい職場であった。

経理課は会社の売上げ、仕入れ、利益等のデータがすぐ集まり、会社の実態が速報で分かった。銀行窓口の資金課、資金繰り表のつくり方、減価償却する資産管理課、工場経理課など、地味ではあるが仕事の内容を聞くだけで勉強になった。

経理の勉強をしたことは、独立したとき非常に役に立った。節税するための税務や、減価償却の特別償却適用範囲や、リース制度の利点など、独立してから機械を売る場合の経理知識が修習できた。

物を売る販売の力があっても、経理や法律の知識（売買契約書のつくり方など）がないと脆い。バランスシートを読む力のない人では、不良債権の発生する率は高いし、もし不良債権が発生しても法律的な対処ができないのでは、一流営業マンとはいえない。営業マンは経理全般、税務とともに売買契約書、会社倒産時の法律などを学ぶ必要がある。原価意識を持つことも必要だ。参考として一つの例を挙げる。

私の友人が、机とワープロを二キロ先の事務所に引っ越すので、大手引っ越し屋に電話した。

営業マンが飛んで来て、三万円の見積書をつくり、友人はなんの疑いもなくサインした。その営業マンが帰ったあと友人に言った。

「机一つで三万円は高すぎる。三千円で十分」

友人はびっくりしたが、私はスケールで机の寸法を計り、赤帽の小型トラックに積めることを確認し、知人の赤帽運送業者に電話した。

赤帽の運転手は言った。

「五時に仕事が終わってからお伺いいたします」

予算は三千円より安い二千円で済んだ。

世の中、このようなことはたくさんある。物事のすべてを疑って考えることだ。三万円と提示された額から、さらに割り引いてもらうのは大変だ。だからコストを二割カットすることは難しいが、コストを半分以下にすることはかえってやさしい。発想を変えればよいのだ。

国際組立機械学会に出て恥をかく

サラリーマン時代は、同じ職場に三年が限度で配置転換になった。サラリーマン最後の所属は研究所であった。

私の名刺は「研究所長付開発担当」と研究所に来たとき適当に自分でつくったが、仕事の内容は会社のほうも自分も分からないまったくの閑職であった。研究所に二年勤務したとき、東芝から新しい役員が来た。

なぜ研究所の片隅の暗い所に、仕事もないのに私がいるのか理解できなかったらしい。前の課が経理だったから、使い込みでもして左遷されたのだろうと思ったのに違いない。私に退職勧告したのも自然のなりゆきだった。

新しい役員は国際組立機械学会という国際学会の日本の理事であった。

この年、東京の新宿のホテルで国際学会が開かれた。出席者は外国からの招待者二十名を含む三百人くらいであり、半分は外国人であった。

私はどこに行っても落ちこぼれ社員だったので、学会とは無縁というより、学会の存在そのものを知らなかった。

学会の初日は、私の上司の役員は出席したが、二日目は会社の都合で突然出席できなくなり、閑職の私に代理出席を依頼した。同時に自分の名が入ったネームプレートを貸してくれて、「これがなかったら学会会場には入れてくれないから」と念を押して私に渡した。

さっそく会場に行きネームプレートを胸につけた。

専門分野の研究成果の発表が終わると、三十分のティータイムがある。発表の内容はヘッドホンによる同時通訳なので、私にも少しは理解できた。ティータイムは各国の技術者同士の親睦と各国の技術動向を情報交換する、貴重な時間である。

私も会議室の隣のティータイムルームにゆっくり入った。そのとき、私に外国人が何か英語で話しかけてきた。私が「ノーイングリッシュ」と言うと外国人は怪訝な顔をしたので、失礼に当たると思い隅のほうに避難した。が、そこでも外国人二人が私に話しかけてきた。

私は英語が上手く話せないので、トイレに避難した。額にはうっすら汗をかいた。（びっくりした。どうして私に話しかけてくるのだろう）と思った。

今度は昼食の時間になった。英語がまったくできない、というより外国人恐怖症なので、これ以上恥をかきたくなかった。一番目立たない隅に座り、外国人と視線が合わないよう、顔を下に向けていた。

今度は外国人が私を見つけると集団でやってきた。外国人はまた私を追っかけようとしている。（何かおかしい）と心の中で思った。早くこの会議から抜け出ようと思った。

会社に帰り、会社の役員に借りたネームプレートを返した。

「いや、ひどい目にあいました。昼食時、外国人が私を取り囲むのですから」

上司は私に言った。

「このネームプレートは学会主催者だけのネームプレートで、名前の下の赤い線は『英会話話せる』の印だ」

役員は、英語を話すのは当たり前ぐらいの言い方だった。

この役員の父親は駐英大使で、役員は十五歳までロンドンにいた。（英国育ちと一緒にされては困る）と思った。

幼少時代

村には当時幼稚園はなかった。自分の生家の屋敷は三千坪の広さがあり、馬、牛、豚、アンゴラウサギ、犬、ニワトリ、羊、ヤギなどたくさんの動物を飼育していた。その動物が子供時代の遊び仲間だった。

馬には子馬がいた。親馬が農作業をしていると田の縁で待っていた。乳をもらうためである。しかし子馬はすぐに売られてしまった。子供心に本当に悲しかったが、母親の馬は、もっと悲しいと思う。

近くの家より秋田犬を譲りうけた。生後二カ月くらいだと思う。夜暗くなると母親が子犬のところに来て、自分で食べた物を吐いて、子犬に食べさせていた。毎晩のように約一カ月続いた。当時、犬は放し飼いだったので、こんなことが起きるのである。

庭で放し飼いのチャボ（鳥の名前）がいた。「ひよ子」が生まれると、すぐ親の後をついて歩いていた。ある日から「ひよ子」は親鳥より追い払われていた。「ひよ子」の独立心を養うためである。

豚は原因不明で突然死んだ。裏の山に深く穴を掘ってうめた。それを聞いた村の人は、すぐに掘り返して、「トンナベ」にして食べてしまった。

農閑期には農耕馬の草競馬があった。スタートで逆走する馬もいたが、楽しかった。

五歳のころ（昭和二十三年）、村に相撲の巡業があった。土俵は田んぼの中だった。家にも「力士」が三人泊まった。当時食糧難時代だったので「食事をするため地方巡業していた」と父は言った。

夜には子牛が生まれた。メスだったので、村の人はみんなバンザイをした。生まれたばかりの子牛が後足より立ち上がったのにはびっくりした。

炭焼きは窯から炭を出すことを手伝った。窯の口は小さく、最初は子供しか中に入れなかった。お昼は飯ごうで食べた。

都会のマンションの生活と比べると、自然の中で動物と一緒に生活するのは、いかに楽しかったたか、しみじみ思う。

五歳のころ田舎と都会を結ぶ唯一の手段はラジオだった。NHKの連続ドラマ「鐘の鳴る丘」を真剣に聴いた。今でもその主題歌は忘れられない。

同じく五歳のころ、自宅の前の農家が火事になり、全焼した。「茅《カヤ》」の屋根なので、ひとたまりもなかった。

馬は馬小屋より離され、山林の方に逃げた庭鳥三十羽は、真っ黒になってみな焼け死んだ。食べる人はいなかった。

戦後なので消火はもっぱら手動式ポンプだった。消防自動車は故障して一台も動けなかった。

小学校時代（自給自足が商売の原点）

私の判断力の原点は山林に囲まれた、田園で育ったことである。農業の手伝い（田植、稲刈）や炭焼きの手伝い、村の小さな酒の小売店の酒の配置をやっていたので、すべてに勉強になった。子供心に酒の仕入価はどのくらいなのか知りたかった。

夏になると、どこの川に行けば、どんな魚が捕れるのか、「筌《ウケ》」（ウナギを捕るための竹製の筒状の物）はどこに仕掛けたらよいのか、子供心にノウハウがあった。近所のお兄さんの指導もあり、だんだんと魚の捕り方のノウハウが蓄積され、効果的な方法を勉強した（生産技術）。わずかなお金（どじょうの売上）だが村の郵便局に貯金通帳を作った（現金収入と市場開拓）。

秋になると、グミ、キノコ、山栗を採った。時には食用の縞蛇を捕獲しては串に刺して囲炉裏で焼いたが、だれも食べなかった（経営の多角化）。なんと言っても、甘い物不足の小学校時代、木通《あけび》が山に自生していた。それを見つけると、なにがなんでも採りたかった。危険をおかし高い木に登った（ハイリスク・ハイリターン）。田舎の私にとっては木通《あけび》は最高のぜいたく品だった。

自分の創意工夫で小遣いを稼ぎ、おかしをまかなっていたので、当時の自給自足が大人になってから会社経営の基礎になっていたのだ。待ちの営業でなく積極的に開拓すれば、人生なんとかなるという考え方である。体力も人一倍自信がついた。

現在の子供が予備校等に通っているが、受身の授業中心で、自発的な行動の鍛錬には役に立たない。大人になり会社に入ったら会社の言うなりになるような人生ではないかと危《き》惧《ぐ》する。学校の授業は、サラリーマン養成所ではなく、独立自営の人間になるよう教育してもらいたい。

村には私を可愛がってくれた老人がいた。秋には宇都宮まで山伝いに「茸《きのこ》」採りをし、その茸を市場や食堂で売り、そのお金で宇都宮競輪やお酒を飲んで楽しんで帰ってくる。つまり手ぶらで行って手ぶらで帰ってくる充実した一日のようであった。

七十五歳になり、すべてのことがうまくいく原因が分かった。学校や学習塾で学ぶ知能指数より数字で測れない「非認知能力」のほうが、重要である。

「非認知能力」とは「どんなことでも負けないくじけない心」「観察能力」「やり抜く忍耐力」また小学校時代、自然の中で遊んだことにより培われたものである。都会の子供のように、マンションの個室より学習塾では、そのような非認知能力は養われない。なにか挫折でもしたならば、引きこもりにならないかと心配する。現代社会で引きこもりより脱皮する方法はあるのか？　へき地の農村や離れ島に1年間国内留学させることである。見違えるほどたくましい少年に生まれ変わって帰って来る。当然、パソコンやスマートフォンは一切触れさせない。私の友人の孫が引きこもりより抜けだし明るい子供になった。

では、30～40歳の引きこもりはどうするのか。私の経験では、苦しいと思うが技能の必要な肉体労働をさせるのが良い。仕事が終わったら、なにも考えないで、ただ寝るだけの単純生活をする。そうすると少しの休みでも天国に思われる。少額でもお金は貯まるし、希望も出てくる。

中学時代（成績不振で悩む）

小学校時代の天国のような生活より、宇都宮の中学に入学した。目的は宇都宮高校に入学するためである。しかし、中学三年の一学期まで成績はクラスの二十番ぐらいで、希望校の受験さえ無理だと担任の先生より言われた。

いくら勉強しても成績は上がらない。これでは宇都宮の中学に転入した意味がない。私は本屋に行き、当時のベストセラー、光文社のカッパブックス『頭のよくなる本』を百五十円で買ってきた。百万部刷の大ベストセラーで、当時話題の本だった。当時私の一カ月の小遣いは百円だったので大きな出費だった。

著者は慶応大学医学部の教授で大脳生理学の世界的権威で、頭を働かせる物質の発見で有名な林髞《タカシ》であった。先生は推理作家（ペンネーム、木々高太郎）でも有名で、当時結婚二回説を唱えていた。

私は本を読み終わったあと、先生に手紙を出した。当然先生の住所が分からないので、出版社の方に郵送した。内容は「頭の良くなる本を読んだのですが、頭の良くなる薬はないのですか？」という素朴な質問だった。

一ヵ月後、思いがけなく、先生からの手紙と小包が来た。小包の中には頭の良くなる薬「ガンマロン」が試供品として一ヵ月分が入っていた。

手紙の中には注意書きが詳しく書いてあった。「この薬は服用している時は大脳の細胞活性化し記憶力が増すが服用をやめると元に戻る」と。また「高価な薬なので受験一ヵ月前より服用すること」と詳しく書いてあった。この手紙は私の宝として今でも保管している。受験一ヵ月前「ガンマロン」を飲み始めた。

成績はメキメキ上がり、「ガンマロン」のおかげで成績はクラスの中位より二番になった。頭が冴え、なにか興奮するような感じで、すべてが暗記できた。特に社会、国語、英語は百点に近かった。あまりに頭が冴えて眠れない時、お酒を半合こっそりと隠れて飲んで寝た。希望する高校も入学できる自信がついた。「ガンマロン」は私にとってはまさしく覚醒剤みたいなものだった。

その時、担当の先生より突然職員室に呼ばれた。「沼尾君、すごく成績上がったネ。なぜ上がったのかネ、カンニングはしないだろうネ」と目を丸くして言った。「猛烈に勉強しました。先生、五科目すべてカンニングなんかできないです」と私は言った。先生は「びっくりしたなあ、突然クラスの二番になるのだから」と、半分呆れたようにほめてくれた。友人からも不思議がって私を見るようになった。

無事希望の高校に入学し、社会人になってから有名な著述業である精神科医の斎藤茂太先生（別称モタさん）の講演会を傾聴した。出席者は二十人くらいで講演会の後、先生に私は質問した。「林髞《タカシ》先生より頭の良くなる薬ガンマロンをすすめられ服用したのですが、本当に効くのですか？」。先生はビックリして突然立ち上がり「一般の人には効能はありません。知能の低い人のみ効能はあります」と断言した。私は中学時代知能は低かったのかと思ったが、そんな馬鹿なことはない。

大脳生理学の権威、林教授からもらった物、今でもあの薬は効いたと思っている。ちょっとした行動が人生を変えるものである。

中学三年の時、全校生による校内マラソンで起きた。片道三キロの折り返しマラソンだった。

一キロまではトップグループで走り、途中で棄権しようと思った。しかしトップグループに連られて折り返しまで来たが、放棄するチャンスを失った。折り返しを過ぎると、マラソンの仲間が「沼尾がトップグループにいるよ」という声があちこちから聞こえた。もう棄権は出来ない。最終的には三百五十人中十四位になった。

応援を受けるということは、人間にとっては予想外の「力」が出るものである、ということをこの時体験した。

第二章　毎日が楽しい独立自営

退社した理由

研究所は東十条の駅前にあり、物価も安く庶民的な町だった。ここの研究所がサラリーマン生活最後の場所だった。三十五歳の人生の働き盛りを研究所の窓際族で三年暮らした。定年までの二十年間、なんの希望もなく、なんの仕事もなく、このような生活を送るかと思うと末恐ろしくなった。出世はまったく期待できなかった。

退社する場合、強制解雇ならその理由を女房に説明するとしても事後説明である。割増退職金がつくリストラなら、女房へも、より有利な条件ということで説明ができる。しかし私の場合、仕事がない単なる窓際だとの理由で女房を説得するのは、退職金も少ないし、説得材料としては乏しい。

女性はどこまでも安定志向である。私が退社したいと言うと「次の見通しはあるの」と聞く。

「見通しはないが、サラリーマンに適さない性格だ。独立して物を売りたい」と言った。女房は、四十歳近い男が会社を辞めたいというのは余程の理由がある、その理由は尊重してやりたいと思ったという。

女房は言った。

「物を売ること、つまり商社ネ。他人を雇用するとお金もかかるし、神経も遣う。一人でこぢんまりとやるなら賛成」

つまり独立しても、私が失敗することを前提に話をしているのだ。「独立して資金繰りが苦しく、倒産するとみんなに迷惑をかける。一人なら借金もそう多くはないし、また勤め人になればよい」との考えだ。

予想外の、女房の条件つき同意にはびっくりしたとともにありがたかった。

しかし、将来の不安もあり、なかなか退職には踏ん切りがつかなかった。

そんな心のもやもやを晴らそうと、経理部の仲間とゴルフに行った。十二月二十一日、冬晴れの風のない好天気であった。場所は大宮国際カントリークラブだった。しらさぎコース四番、百十メートルで、ホールインワンをやった。ボールは高く舞い上がり、直接カップに入るダイレクトホールインワンだ。その晩、お祝いの会をやり、心のもやもやもすっきりと取れた。

二日過ぎた十二月二十三日、研究所の仲間と麻雀をやった。「発」をつもって大三元で上がった。「発」をつもったことは出発の「発」を暗示しているようだった。

なんだかこのごろ変なツキがある。独立するなら今だと思った。

私は意を決して独立したのである。

退職の件は女房には同意を取り、気晴らしのゴルフではホールインワンをやり、もやもやも取れたので一月十四日に退職届を提出した。社外の人にも、退社するので独立の件で協力してくれるよう依頼した。

サラリーマン時代、製造、営業、企画、経理、研究所と異動した。市光工業で初めての異色のローテーションであった。

このローテーションを独立養成コースと呼ぶ人がいる。そう思うと、この異色のローテーションに感謝せざるをえない。

研究所勤務は、組織上、一応研究所所長付だが、一カ月間所長の顔を見たこともなかった。

前所長は定年退職したこともあり、上司不在というよりは「上司なし」であった。

仕事の内容は定年退職した前所長より、「我が社の十年後のヴィジョンを描きなさい」という抽象的な指示を受けたが、それも一回だけだった。

新しく来た研究所長は、なぜ私が研究所にいるか不思議であり、前の経理課で何か不祥事を起こしたと思っていた。

朝、会社に行き、日刊工業新聞を隅から隅まで読んでも十時には終わってしまう。特に囲碁の欄はたっぷり三十分は読んだ。あと二時間は漠然と時間をつぶし、お昼を待つ。毎日毎日が時間との闘いだ。いかに時間をつぶすかが私にとっては闘いだ。時には午後より区立図書館に行って時間をつぶす。

このような勤務の忍耐も三年が限度だ。仲間も、当然部下もいない。仕事がないことは辛い。人間とは働くことにより生き甲斐があり、働くことによって喜びがある。

「どんな仕事でも欲しい」と心から思っていた。肉体的にハードな仕事も辛いが、仕事のないことの辛さも同じだ。上司にも、不満なら早く辞職届を提出するように言われた。

そんなある日、日経新聞のコラムに「成さざる後悔、成したる後悔」という言葉が載った。人生決断するときに、何もしないで後で後悔するよりは、同じ後悔なら、やってみた後での後悔のほうがよいということだ。

後になって後悔するような人生は送りたくないと思った。

「社畜になるな」ということも何かの本で読んだ。つまり家畜は家で飼われるが、会社で飼われる動物＝人間のことを社畜と呼ぶ。

社畜とは、会社からの保護網から出て獲物を獲るという、人間本来の精神が失われた人間のことである。俺は社畜ではない、社畜になりたくない、まだ四十前だ。と思うと、男本来の野性精神がムラムラと湧いてきた。自然（社会）相手に自由に飛び回り、獲物（金）を狩る。そして家族の糧にする。それが人間自然の姿ではないか！

女々しく会社に居座るのはやめようと思った。あのまま会社に居座ると、人間の狩猟本能はなくなり、まったく男としての魅力のない、人間として闘う気力と精気を取られた、単なる老人になってしまう。

今だから言えるが、独立してサラリーマンには真似のできない体験や経験を百倍した。その一つ一つが貴重な財産であって男の本能を呼び戻してくれた。

しかし今だからそのような生意気なことを言えるが、退社するときは違う。これからの人生を思うと不安でいっぱいであり、安定した会社を退社したことは失敗ではないかと後悔する日もあり、精神的に不安であった。

退職届は受理された。長年にわたるサラリーマン生活、退職届も簡単に受理されると拍子抜けした。

社畜から脱皮（独立へ）

私がリストラで会社に辞表を提出したことを大学の先輩や友人に連絡した。

いろいろな人が私の将来について心配してくれるのはうれしいことである。やはり日頃の交遊関係やつきあいが重要である。

行きつけの東十条の焼鳥屋の主人も、すべてのノウハウや仕入れなども教えるから焼鳥屋をやれと言う。店を出すのには権利金や備品などで、当時四百万は必要だった。

会社の退職金は二百万円だった。この退職金を株に投資して倍にし、焼鳥屋を開業しようと思った。焼鳥屋の主人も全面協力してくれる予定であった。

当時、割安のリッカーの株に全退職金を投資した。

私は版画が趣味だったので、銀座の一等地に本社ビルがあるリッカーにはよく行った。本社ビルの八階が版画美術館であった。

銀座に版画美術館を持っていることは、超一流企業に見え、赤字経営といえども必ずや復活し、株価も百円になるだろうという読みであった。

しかし、期待空しくリッカーはまもなく倒産し、退職金の二百万円は単なる紙ペラになった。

女房には怒られたが、それでよかった。株で儲けて焼鳥屋をやっていたら、はたしてうまくいったか分からない。

「焼鳥屋はやめなさい」とリッカーの株が忠告してくれたと思っている。

小学校のクラスメートにしばらくぶりに会った。「田舎に帰ってきて百姓をしないか」と言う。

「一年間、稲作だけなら九十日働いて、後は遊んでいれば」と言う。しかし、百姓は老後の楽しみとしてお断りした。

大学の先輩が、神田の機械専門商社で課長をしていた。電話があり、夕方一杯飲みたいと言うので神田駅前の焼鳥屋で会った。

先輩は言った。

「名古屋の手前に豊橋という所がある。豊橋の会社が東京に営業所を持ちたいと言っているが、一度豊橋まで会いに行かないか。大手の下請けとしてやってきたが、取引が切れて独自のロボットメーカーとして自立販売したいとのことだ」

私は、またサラリーマンとして戻りたくない。長い間サラリーマンをやってサラリーマン向きの人間と独立自営向きの人間がいることが分かった。私はサラリーマンには不向きだ。

しかし、別法人組織で独立採算の経営者になるなら話は別だ。経営者なら人を使うほうだ。使われるほうではない。

さっそく先輩とともに豊橋まで行った。国道一号に面する、社員十人の小さな会社であった。

社長は朴訥《ぼくとつ》で、小声でしゃべり何か頼りにならない。営業は何も分かっていない様子であった。奥さんは経理を担当し、しっかり者だった。

東京に営業所を出したいが、何も分からないので頼むと言う。何も独自の案とか考え方のない社長であった。

つまり私に営業資金、事務所、営業すべてを一任したいということだ。「株式会社塑研工業東京営業所」の別法人案も簡単に同意した。

「株式会社塑研工業東京営業所」の名前がなぜよいかというと、実質的には私が社長だが、対外的には所長である。大企業に売り込みに行く場合はこの名刺がよい。だれもがサラリーマンに見てくれる。

帰りの新幹線の中で先輩と話をした。私は言った。

「あの社長、世に出るのは無理だと思う。メーカーとしての風格がない」

「東京の営業所は、力のある会社なら独自で出すよ。頼りのない社長だから、すべて頼っているのだ。頼りなさは自分でカバーすべきだ」

先輩の意見も聞き、総合的に判断して「株式会社塑研工業東京営業所」として発足するのを決めた。

これで営業所の場所が見つかれば独立できる。事務所の件でいろいろな友達に声をかけた。

いよいよ念願の独立

いよいよ独立だ。会社がうまく離陸できればよいが、滑走のときにはお金を使いたくない。どのくらい滑走距離があるか分からない。いや滑走して離陸できないで終わることもある。やはり資金的裏づけのない独立は不安だ。

ありがたいことに、友人が神田で事務所を持っていた。そこの机一つを月二万円で借りることにした。神田は千代田区神田であり、東京の中心だ。神田の隣は大手町で、日本を代表するビジネス街である。金融街である神田は道路一つ隔てて、種々雑多なビルと商店が入り混じる、独特のハーモニーを醸し出す町だ。

事務所といっても、ワンルームマンションの一室に机が三つあるだけだった。一つ一つの机が会社であった。自分の会社の占有面積は机の上だけであった。同じ室の机の一つは香港貿易を主業務としている貿易商社であった。もう一つの机はプラスチックスの原料を売る六十歳の人だった。会社を定年になり、ここで再出発する人であった。

偶然にも同じ業界の機械、原料、貿易と揃った。お互いに助け合い、教え合い、情報交換しながらやろうということになった。

各々のワンマンカンパニーが三人揃って、再出発だ。

今までは組織の中の一員として大勢の人がまわりにいた。突然独立して一人でやるとなると、やはり寂しいし、孤独である。

その孤独感を和らげてくれたのが、この事務所の雰囲気だった。この事務所に入れず一人でやっていたら、精神的に孤独感で参ってしまったかもしれない。

独立の第一歩は、神田の町とワンルームマンションの室の雰囲気で気軽にスタートできた。

同じ室の一人が貿易関係をやっていると、いろいろな輸出業者（乙仲屋）が来る。その話を聞いているだけで勉強になった。

会社退職時は、いろいろな気苦労もあったが、やはり独立するということは、すべての面で自由だ。精神的に何か心がうきうきする。

会社を設立して三カ月経過した。仕事の見通しも立ちつつあったので、同じ室の三人で、女子パート社員一人を採用した。仕事の内容は電話の留守番で、一人が月二万円ずつ支払ったが、一人のワンマンカンパニーの人は一万しか支払えないというので出世払いにした。苦しいのである。

神田の町には老舗のうまい店がたくさんあった。三人揃っているときは、食事に一緒に行くのも楽しみだった。

自宅を出るとき、俺は独立したのだ、仕事はいくらやってもよいと、すべてに前向きになった。

独立時の経費は徹底的に節約した。室代二万円を入れて固定費は十万、交通費は十万、月給二十万、他五万、合計四十五万に抑えた。

一日のハードワークが無事終わり、神田の焼鳥屋で、仲間と一杯飲むのが楽しかった。

時代の最先端、コンパクトディスク製造装置の販売をする

独立して一年目の決算の営業粗利益は四千万円もあった。その理由は、当時日本で最も急成長した分野で、最も効率的な営業をしたことである。その成長分野になぜ参入できたのか、それは元テクノプラス社長小島氏との出会いであった。

栃木県のあるお客さんの所で、動作の速いロボットを見た。ロボットをつくったのは、

テクノプラスというまったく知らない会社であった。お客さんにテクノプラスの電話番号を教えてもらった。

私は翌日、テクノプラスの小島社長に電話し、「御社のロボットはすばらしい。開発した社長にぜひ会いたい」と言った。

次の日、JR蒲田駅前の喫茶店で会った。小島さんは、技術をまったく知らない初対面の私に、とうとうと技術の話をしてくれた。気がついたら二時間ばかりたって夕方になっていた。小島さんには失礼ながら、二人の波長が合っていたのかもしれない。

テクノプラスは、金属加工では日本の最先端を行く会社であり、大田区羽田にあった。テクノプラスの半径五百メートル以内で、必要な金属加工技術はすべて揃うという、ハイテクノロジー中小企業の町である。

小島さんはその後、ロボットより、ディスク専用射出成型機に転換し、世界的に有名になりテレビにも出た。

小島さんは技術開発では天才的であり、「パターン制御技術」は他社の技術に大いに活用された。テクノプラスは日本のディスクの夜明けのリーディングカンパニーであった。

その小島さんが、ディスク業界の多くの得意先を私に紹介してくれたのである。一部は小島さんの会社が売ってくれた。

ロボットの設計は友人の碓井氏がやり、その設計に基づいて塑研工業がつくる。できたロボットは小島さんの紹介で私が売る。私は総合まとめ役であった。

人生とは、どんな職業でも人と人との出会いであるが、これほど効率よい組み合わせはなかった。あのとき勇気を持って小島社長に電話したことが、こんな大きな仕事に結びつくとは考えられなかった。一つのドラマであった。

小島さんは、当時光ディスクの高い成長を予測していた。「記憶メモリの主流は光ディスクになり、膨大な数量が出る」と言っていた。小島さんはその後鴻海《ホンハイ》精密工業の郭会長の技術顧問になり平成二十八年日本に帰って来た。最近小島さんは流体圧力でトルク発生するコジマ式ギアポンプを開発した。私には荷が重すぎて理解できなかったが、開発資金1億円出資したスポンサーが現われ、今後が楽しみだ。

社長の仕事の第一歩は、成長分野への判断力とそれに参入する行動力である。

多くの急成長した会社とそうでない会社との差は、将来性に対するトップの理解力の差である。将来性を判断するのは社長のセンスの問題である。

そのセンスは毎日毎日磨いて光るものであり、少しでも曇るとセンスは落ちて、将来性も見通せないのである。

不況産業業種では、いくら営業努力してもその成果は出ない。努力が無駄になる。

商社として再出発

株式会社塑研工業東京営業所として発足し、三年が経過した。実質は私が社長で、自由に仕事はできた。豊橋の塑研工業のロボットしか販売ができなかったが、ロボットの設計を私の知人に依頼し、製造のみを塑研工業に依頼するという、私が中心のロボット製造が可能であった。というより、それが中心の生産システムであった。

ちょうど工場はディスクロボットで忙しく、従業員も会社に寝泊まりするほどの仕事量であった。そのような状態で、労務問題が発生した。

残業代カットの件で従業員と社長が紛争していた。何せ従業員二十五人の会社なので、社長の身内（社長の弟と社長の親族）五人だけが残り全員退社だった。

午後、会社より電話が来て、豊橋まで行って団体交渉の場を見たが、もう修復は困難だった。

家族的な企業が一気に壊れ、お互いに感情的だった。当然、ロボットの生産はできず、今後の見通しも立たなかった。

「東京は一人なのだから、一人でなんとかメシを食べてくれ。ただし、なんの援助もできない」

と、豊橋の社長より一言あっただけだった。

考えてみれば、豊橋の社長は親会社の下請けとして工作機械のオペレーターをやっていた。それが親会社の関係がなくなると、独自ブランドのロボットのセールスを始めた。そのとたん、外国人から日本の一流企業の人たちが、ディスクロボットの技術打ち合わせ、納入立ち合いに来た。

長年メーカーの下積みの仕事をしていたのに、不慣れな接客をやるとは、本人もストレスが溜まるし哀れな面もあった。

私も独立して三年目で、ようやく軌道に乗ったと思ったところだったのでショックだった。

今度は、どこの会社の機械でも、どんな機械でも売らなくてはならないという本当の商社にならざるをえない。社名を「ソケン実業」と変更した。

一番最初は、塑研のロボットの後釜のロボットを探さなくてはならなかった。

京都に優秀なロボットメーカーがあると、友人より話があった。

ユーシン精機の小谷社長に電話した。当時、ユーシン精機は京都市内、三十三間堂近くに工場があった。

年商二億、従業員二十人の零細企業であった。社長は昼間は機械組立、夜は機械設計をするので、六時の夕食のとき会いたいと言ってきた。近くの喫茶店で待ち合わせ、スシ屋に行った。

ユーシン精機の社長は私とほぼ同年代であった。立命館大学日本武術部出身で、大人の風格、説得力ある話し方、これからの夢、企業経営のあるべき姿を誇る様子などにより、日本一のロボットメーカーになるだろうと肌で感じた。その後、ユーシン精機は急成長を遂げ、今では東証第一部上場企業である。「立派な会社になるだろう」と社長に会った瞬間の私の予感であった（しかし、社長は平成十四年十二月、五十九歳の若さで急逝した）。

さっそく、ロボットはユーシン精機の代理店になることを決めた。

商社は商権さえあれば、何を売っても、いくら売っても、どこに売っても自由であった。三菱重工の射出成型機、東洋の射出成型機押出機等をはじめとして、いろいろな機械を売った。印刷機、コンプレッサー、金型、クレーン、お客さんの要望するものは、どんな物でも売った。

しかし問題は得意先だ。商社の人間が商権を持って独立するのではなく、私はメーカー育ちであるので商権はない。

得意先の開拓は、飛び込みセールス以外なかった。飛び込みセールスは販売効率が悪く、苦労の連続であった。

後に、私の得意先が街道沿いや工場団地内にあるのはどういう理由かと聞かれた。

それは車で走っていて工場を見つけると、工場団地内の工場をくまなく回ったりしたからなのである。つまり飛び込み営業の結果というわけだ。

車を運転中に、成型のペレットタンクや、機械を冷やすクーリングタワーを見ると、そこに見込客があるのではないかと思って飛び込みセールスした。

いつも飛び込みセールスをしていると、だんだんそのコツが分かってきた。

どこの会社でも社長はいるだろうと思い、「社長はいますか」と言って受付より入った。社長がいる場合は、「プラスチック工業会長の紹介です」と言うと、わりあい簡単に面会できることが多かった。運よく社長不在の場合は、そこの社長の知人のようなフリをすると、代わりに専務なり工場長が丁重に面会してくれた。

また、これもセールスして分かったことだが、初めての会社に商談の面会の電話をしたとき、いますぐ会ってもよいという人は窓際族や閑職が多く、機械購入の権限のあるような人は、一般に忙しく、なかなか商談のチャンスが取れない。そこで面会の機会の取りにくい人を優先的に回ったら、逆に効率のよい営業ができた。これは肌で感じた実感であった。

せっかく機械購入のキーマンに会っても、商品の説明だけなら子供の使い、その会社の問題点は何か、その問題点を解決するための提案営業に徹した。

いろいろな職業のうちでも、商社は楽しい。相手の欲するものを自由に売れ、そして運よく注文をもらえると利益が出る。まさに商社は苦しい面もあるが天職だと思った。

独立三年目、すべてが順調（池袋時代）

神田の一室三人のワンマンデスク会社より、東池袋に事務所を引っ越した。

理由は埼京線が開通して、大宮市から三十分の通勤距離と、神田と比較してテナント料が安かったからである。室代は十坪で月七万円＋共益費二万円の計九万円であった。十五階建のビルの、最上階十五階を借りた。すばらしい眺めだった。女子社員と中年のメンテナンスマン一人を雇った。室を契約するとき、ビルのオーナーと面接した。ヤクザの入居を極度に警戒していた。一日の仕事が終わり、十五階から夕日を浴び、一人ウイスキーを飲みながら満足感に浸ると天下を取ったような気分になった。

池袋といっても、東池袋は会社事務所と映画館、風俗店、飲食店が混合している独特の町だ。池袋は日本のニューヨークとだれかが言った。町の人も、会社員、ヤクザ、高校生、大学生、風俗、中国人、失業者、と雑多だった。昼間サウナに行くと、出勤前の彫り物だらけの暴力団だけだった。一応「彫り物のある人入場禁止」と立看板が立っているが、彫り物のない者入場禁止ではないかとフロントに文句を言った。

会社といっても東池袋地区は高利貸、興信所、コンサルティング、健康器具販売等、虚業の会社が多かった。

行きつけの飲み屋に声帯模写の「つとむちゃん」の店があった。「つとむちゃん」と私はよく飲んだ。彼は性格もよくサービス精神旺盛な人だった。芸能人でだれが美人かと聞いたところ「佐久間良子だ」と言った。得意の四人組麻雀もよく演じてくれた。「つとむちゃん」と飲んだ二日後、愛人につとむちゃんは殺され、愛人もまた後を追って自殺した。

会社の事務員は奥さんのパートであった。ダンナ様は宝石商をしていたがフィリピンのマニラでピストルで撃ち殺された。奥さんは会社を休み「死体確認」のためフィリピンに行き、そのまま会社を辞めた。ダンナ様は奥さんと愛人に一人一億円の保険の受取人にしていたが受取れなかった。

近くの行きつけの飲み屋はホモバーだった。ブッカキ氷使用のオンザロックの味、自分で料理するツマミ、地方の珍味、安い値段、どれを取っても女の子のホステスのいるスナックには負けないと張り合っていた。お客さんは女子大学の先生、デパートの店員、ファッションデザイナー、何か昼間に女性を相手にする職業の人が多かった。理由は分からない。

会社の前のオデン屋に流行作家の富島健夫さんが毎夜のごとく来ていた。富島さんはベラボウに囲碁が強く「文壇ナンバーワン」と言っていた。五子置いても私が負けた。ただ酒癖が悪く私と口げんかしたが、一緒に飲んでいる出版社（双葉社、徳間書店）の人が止めに入った。

池袋は五時からの町であり、毎夜飲み歩きビジネスとは関係ない人とばかりつきあった。種々雑多でおもしろく、人間性豊かで、不気味な町「池袋」とは四年間でサヨナラして、大宮に引っ越した。

思い出に残る仕事

機械の販売のキーポイントは、①性能、②価格、③サービス、④信頼性、⑤支払い条件等であるが、いかにキーポイントを説明するかが勝負である。しかし行動するベースは情報である。いかに有意義な情報を取るかに仕事の九〇パーセントがかかっている。有意義な情報を得ると効率よく、受注率は高いので、情報チャンネルは大切にしなければならない。

私の仕事は一つ一つ思い出であり、忘れ難いが、特に印象に残った仕事を述べてみたいと思う。

（一）初受注は三井物産

三井物産は従業員一万一千人の日本を代表する総合商社である。一流大学のトップクラスが受験する就職人気ナンバーワンの会社である。私は三井物産の子会社を受験し、書類選考で落ちた経験がある。皇居の隣に自社ビルを持ち、エクセレントカンパニーにふさわしい場所である。

私のほうは、名刺では営業所長の肩書きだが、机一つの個人企業であり会社以前の姿であった。

事務所の一人がトイレに行くとき、残りの二人が椅子より立たないとトイレに行けないほど狭い室だった。

できたばかりの塑研に対し、三井物産が見積もり依頼すること自体何かの間違いだ。あまりにも格が違いすぎた。

クリーンルーム仕様の取出しロボットは、東証二部上場のS社と塑研二社しか生産していなかった。S社が先行し、塑研はこの業界に入ったばかりの後発メーカーであった。

この業界の草分けであるテクノプラスの小島社長より、塑研のことを聞いて、三井物産は見積もり依頼してきた。一社だけの見積もりでは比較検討する資料がなかったので、塑研に見積もり依頼が来たのである。それは形式的な依頼だろうと思っていた。

塑研は競合メーカーS社と比較すると、実績は少ないし、世界に輸出するとなるとメンテナンスの件でいろいろ不安だ。やはりS社が本命だと思っていた。

三井物産の子会社のコンパクトディスク工場は、三井石油化学や地元プラスチック企業との三社共同出資で、敷地五千坪の工場が仙台市の郊外にほぼ完成しつつあった。コンパクトディスク工場を世界に輸出するためのモデル工場であり、ショールームでもあった。

私は三井物産に一人だけ知人がいた。退職間近の汎用軽機械部の大野さんであった。大野さんは体格もよく、温厚で風格のある大人であった。

しばらくぶりに大野さんに電話し、新橋の小料理屋で一緒に日本酒を飲んだ。

今回の三井物産の化学プラントの話は大野さんには期待していなかったが、参考までに聞いてみると、意外な返事が返ってきた。

「化学プラント部より我が社へプラントの引合いが来てますが、化学プラント部にだれか知っている人いますか」

「知っているよ、だれが窓口なのか」

「倉本部長です」

「倉本君か、元気でやっているのか」

大野さんは続けて言った。

「三井物産には昭和三十年時代、新入社員海外研修制度があり、それは新入社員に対し二年間マンツーマン教育するシステムだ。私は当時西独ジュッセルドルフに勤務していた。そこに倉本君が来て、語学よりビジネス、私生活までの教育係だった。明日朝一番で電話しておくよ」

（びっくりした。不思議な縁だ。強い味方ができた）と内心思った。

物産には一万人以上の従業員がいる。私は大野さんしか知らない。その大野さんが、倉本部長の新入社員時に、教育係をしていた。会社で兄の係をしていたのである。兄といえば倉本部長の実弟は、「北の国から」のシナリオライター倉本聰である。また佐藤元総理の孫が化学プラント部の担当だった。さすが物産、人材は豊富だ。

なお大野さんは、三年後に三井物産を定年退職し、沖縄の小さな島で生活すると、日本経済新聞の「私の選択」という記事に三回にわたり連載された。

新聞を見たと話したところ、大野さんは言った。

「日経は三井物産の社内報（世界の商品相場の速報誌）がスタートなんだ。三井物産と日経は創業者が同一人物さ。日経の記者はいつも物産に来ている。俺は今でも日経は物産の社内報と思っている」

次の朝一番で倉本部長より電話があった。

「時間があれば今日のお昼、一緒に食事したい」

私は喜んで物産に行った。

倉本部長は来客用特別食堂の窓際に案内してくれた。皇居の緑を見渡せるすばらしい景観であった。広々とした食堂のテーブルにはテーブルクロスが掛けてあった。事前に予約してあったのだろう、すぐにボーイがビールを持って来た。商社にはこんなすばらしい接待用レストランがあるのだ。さすがに総合商社だと思った。

倉本部長はビールを私につぎながら、

「昨夜大野さんより電話があった。『沼尾さんを頼む』って。しかし世の中狭いもんだ。沼尾さんと大野さんが知り合いだって」と言った。続いて「今回のロボット、塑研に内示発注するよ。ただ価格の件、厳しいけど協力してくれないか。ロボットはS社に発注しようと思って、塑研の情報も資料もないんだ。大野さんより『大丈夫だ、沼尾を信頼してくれ』と言われたので信頼するよ」とリラックスしながら言った。

ボーイはビフテキを持って来た。最後にコーヒーを飲んで物産を出た。

独立して一年、天下の物産より注文がもらえる。「神からのプレゼントだ」「何かついている」。喜びにあふれ、会社に帰った。「これが人生か」。

一年前の三年間はまったく仕事のない閑職であったのがウソのようであった。あの当時は朝起きて会社に行くのが憂鬱だった。理由は簡単、仕事がまったくなかった。机の前に座り、座禅のようにただ時間の経過を待つ。思い出せば無性に己に腹が立つ。無駄な時間をつぶしたもんだ！

今は違う、社畜でない、オリから出て野性を取り戻し、人間の本能の野性精神が出てきた。大きな獲物（お金）を目指し、自由に原野を駆け巡るのだ。

今はいくら疲れていても一晩熟睡すれば疲れが取れるし、毎朝、早くに起きてしまう。早く会社に行きたい、早く仕事がしたい、そして大きな獲物を狩りたい。毎日が充実した生活であって、仕事をする喜びにあふれていた。

内示注文をもらい三日後、三井物産の八階の田崎広助の大作の油絵が掛かってある応接間で価格交渉に入った。塑研は社員一人だから、出席者は当然一人だ。三井物産の出席者は四人であった。

一億円の見積もりに対し、四千万円値引きして六千万円でやってくれという申し入れだ。「このディスクプラントは物産のモデルプラントで、世界に売るショールームだ。塑研のロボットが世界に出るチャンスなので、塑研の宣伝と思って協力してください」というのが主旨だった。

ここは勝負ドコだ、ここで相手に飲み込まれたら負けだ。私は社名、交渉場所、人員すべてで位負けしている。四人相手では負ける、と思った。

中学時代、四対一でけんかになり、私のほうより一対一の条件を出して闘った。四対一では絶対不利だ。負けると思ったのが私の本能だった。

交渉担当者の出席を二人にしてもらいたいという提案に対して、発注側はびっくりしたが私は必死だった。まずは位負けしないことだ。相手に飲まれる前に飲んでかかれ、担当者が元総理の孫なら俺だって村の村長の孫ではないか、同じ政治家の孫同士、家柄では負けないと暗示をかけ白熱の論議は三回にわたった。日ソ漁業交渉のようだった。力負けせず堂々と一人で長時間交渉し闘った。

価格も決まり正式注文が来た。決まった後、物産の担当者が私に言った。

「発注側の価格交渉の出席者を二名に限定してくださいと言ったのは沼尾さんが初めてだ。たいした度胸だ」

世界のショールームの件だが、技術革新のスピードは速く、最新のモデル工場はすぐ陳腐化し、旧式になった。物産の、世界に売り込む計画は三年で頓挫した。一台も世界には売れなかった。

だが、独立した初年度の売上げ、二億六千万円。営業利益、四千万円。机一つ、社員一人の売上げだ。あまりにもできすぎだ！

(二) 名門企業、クラレとの取引

ある日クラレ株式会社の技術から電話があった。レーザーディスク業界に参入したいので、ロボットの見積書をもらいたいとの内容だった。私の友人、小島社長の紹介である。

さっそく、ロボットの図面、仕様書、見積書をクラレに提出した。栃木県の実家に帰り、クラレからの引合いの件を父に話したら、父は自分の机の引き出しより、セピア色に変色した一枚の古い写真を大事そうに出した。クラレの前身、倉敷紡績社長、大原総一郎と父が二人で撮った写真である。

父は日本民芸協会会員で、そのスポンサーである総一郎を日頃より尊敬していた。倉敷の大原美術館には民芸館もある。また父は、版画家の棟方志功、陶芸家の浜田庄司、島岡達三と知人友人の関係にあり、諸先生の理解者は大原総一郎であった。そのような関係で、父は一面識もない総一郎と民芸協会の会合で写真を撮り、大事に保管していた。

クラレの社員も、キリスト教的ヒューマニズム経営の「大原家の会社」に入ったというような感じで総一郎を心から尊敬していた。

父は「この写真を持って行ってクラレの人に見せなさい」と言った。私はいやだがしぶしぶ預かった。

クラレ大阪の本社の人にこの写真を参考までに見せたらびっくりした。（なんで田舎のオジサンが社長と一緒に写真を撮ったのだろう）と思ったのに違いない。

それも理由の一つかもしれないが（私はクラレとの取引とこの写真は関係ないと父に言うが、父はこの写真によって、友義はクラレと取引できたのだと思っている）、クラレとの取引は非常にスムーズにいき、七年にわたり総額五億円の注文をもらった。私はその写真を商売に利用するつもりはまったくなかったが、クラレの社員も私の父も、大原総一郎を心から尊敬していたのには間違いない。

一枚の父の写真が印象に残るよき思い出である。

(三) 中国プラント一億円受注

三井物産とクラレの受注は塑研工業の代理店としての仕事であったが、塑研工業が解散したことで、名実とも、社員一人だけのワンマンカンパニーになった。

ワンマンカンパニーは、自分で営業、企画、打合せ、技術者派遣まで組織的に考える、トータルコンサルティング営業である。自分で金を出してもやりたいくらいの、やりがいのある仕事で、エキサイティングでワクワクする仕事であった。

商社になって、さっそく三菱重工の代理店になった。一番大きな商談は中国大連工場のプラントであった。総額三億円だが、成型機、ロボット、ドライヤー、粉砕機、クレーン、他すべて一人で業者を選定し発注した。

競合は総合商社N社であったが、N社に勝てる自信は十分あった。システムが優れている面と、三菱重工が価格面で協力してくれたことと、納入先の成型技術コンサルタントとして、ある人に嘱託して入社してもらう約束があったからである。

中国の工場は天井が低く、特殊な低天井型クレーンになったので、十分クレーン屋さんと打合せした。

私の別のお客さんが大連工場新設のため半年近く大連に出張し帰国した。そのとき現地工事発注リストを持って来たので、得意先にリストを渡したら、「中国現地で発注すると き役に立った」と言われた。

赤坂に本社がある総合商社N社は、競合で負けたことで当社を調査し、「なんで一人だけの会社に負けたんだ」と悔しがったらしい。N社にとっては三億のプラントなら雀の涙であるが、継続して原材料を購買してくれるところにメリットを感じて、プラントを受注したかったのだと思う。N社は大連に営業所があり、この分野は強かった。

私の友人が、あるとき「世の中で一番楽しいのは金儲けだよ。どんな遊びでも金儲けの楽しみを越えることはできない」と言った。

従業員五千人の総合商社と競合し勝った。その晩「私はなんて幸福者であるか」と思い、夜二時まで珍しく酒を飲んだ。喜びの酒だった。人生いろいろの喜びがあるが、仕事がうまくいって飲む酒が一番おいしいし、健康によい。これが商社の醍醐味《だいごみ》であり、独立自営の醍醐味である。これが会社の一員だと、上司への報告、社内の調整などに気を遣って、本来の営業には十分力を発揮できないと思う。一人だけの会社だから仕事に一〇〇パーセント力を発揮できた。

大物の獲物（仕事）を取る。野性味あふれる人間本来の姿である。

（四）南半球ジャカルタ向受注

夏の五時半近く、工場団地の各会社の終業ベルが鳴り始めるころ、その日の営業空振りと暑いのが重なり、半分ヤケクソ気味で初めてのお客さんＨ社に飛び込み営業した。Ｈ社についての情報は何もなかったし、社名を聞くのも初めてであった。

担当者にさっそくロボットをＰＲしたら、担当者は「うちの会社の機械購入窓口は社長だ」とぶっきらぼうに言った。「社長はいる」というので社長室に入った。

「当社でジャカルタに新工場の計画がある。見積もり参加だけしてくれ」とインテリ社長はにこやかに私に言った。

（南国ジャカルタ、南半球だ。一度は行きたい。バリ島も近い。帰りはバリ島で遊んでこよう）とルンルン気分で会社へ帰った。

それにはジャカルタ新工場の注文を取らなくてはならない。行きたいと思うなら、この仕事は全力投球しようと思った。注文を取ることが何よりも先だ。

徹底的にライバル社と価格で勝負し、我が社が勝った。価格的には勝負にならないと、ライバル社は音を上げた。無事ロボットをジャカルタに納入し、新工場の竣工式に行く手配をした。

ジャカルタまでの飛行機代はＪＡＬだと十二万円、ガルーダ航空だと七万円。当然価格本位でガルーダ航空で行くことに決めた。ガルーダ航空はインドネシア国営公社で、機内食はまずく、サービスは悪く、スチュワーデスには美人がいない。スチュワーデスはみんなコネで入ったインドネシア高官の娘だという。安いわけだ。

ホテルは日本の第一ホテルが経営しているホテルにした。日本語が少しは通じると思ったがまったく通じなかった。

丸紅が分譲したチビトン工場団地にH社があり、そこまではホテルから車で一時間はかかるので、余裕をみて九時にホテルを出発しようと思ったが、英語がうまく話せず出発は十時になってしまった。途中高速道路の渋滞につかまり、十一時の式典には間に合いそうにない。私はイライラして運転手に早くと言っても、思うように通じない。そこへパトカーに先導された大型のベンツがスピードを上げて通り過ぎた。

「あの車は時間的にみて竣工式に行く偉い人の車に違いない」と私は思って、タクシーに後をつけるよう言った。そのときは私と運転手との意思が通じ、ベンツの後にぴったりついて十一時ジャストに目的の工場に到着した。

会場には日本の関係者みんなが出迎えていた。私のことを出迎えているのかと思ったら、前のベンツより降りた偉い人だった。インドネシア通産大臣を迎えていたのである。

後で出迎えた人が私に言った。

「沼尾さんはパトカーに先導されて一緒に来たのですか」

「そうです」と一言答えた。

出席者は日本大手商社の支店長、現地法人社長、大手弱電メーカー、現地の大臣等、そうそうたる人々が出席していた。みんな名刺交換したり情報交換し、和気あいあいと談笑していた。親会社の社長と挨拶した。社長は私に、「ソケンさんはこちらの営業所はどちらにありますか」と質問したので、私は平然と「今日はここですが、明日は東京に移転します」と言った。社長は最初は半分怪訝な顔つきだったが納得したようでにこりと笑った。

竣工式典が終わり、その日の夜十一時発の飛行機で帰らなければならない。六時にスカルノ・ハッタ飛行場に到着し、待合室で搭乗手続きを待っていた。押し売りがあとからあとから来る。時計、宝石が多いがみんなニセ物だ。朝八時に成田に着く関係上、夜十一時発の夜行機便はスカルノ・ハッタ飛行場最後の出発便だ。

出国するとき出国カードをどこかで紛失した。係員は私にペナルティとして日本円で一万円出せと言った。他の係員二名も急に私の所に来たので、不正を止めるのかなと思ったら、三人揃って早く私に金を出せという。一万円は現地の二カ月分の月給だ。後ろを見たら人はだれもいないし暗い。時間も遅いから出国手続きしているのは私一人だ。「まったくいやな国だ。絶対金を出すものか」と私は思った。高校時代の同窓生がジャカルタの日本大使館で公使をやっているのを思い出した。日本大使館に電話させてくれと係員に粘ったが駄目だった。そのうち出国手続きを始める人が後に二、三人来た。ようやく出国のスタンプを係員は押してくれた。係員は、「たいていの日本人は脅すとすぐに金を出すのにケチな日本人だ」と思ったに違いない。

ジャカルタは、タクシー代のトラブルもあり、もう行きたくない所だ。何が親日家だ。日本人だとみると金をせびる。ジャカルタの仕事は一切断った。しかし、H社の国内工場のロボット十二台を買ってもらって、ヤケクソの飛び込み営業の成果は上がった。営業とは「勇気を出して、お客に飛び込んでみるもの」である。

（五）三甲化成十年がかりの受注

仕事も順調にいくと、固定客も決まり、飛び込み営業の必要がなくなった。

大手メーカーの三甲化成は海外進出の国際化で有名な会社であった。また世界の七ケ国の技術指導を兼ねていた課長とも特に親しくなった。

課長は海外の諸事情をよく教えてくれた。私も日本のプラスチックス工業会の話等の情報提出していた。

三甲化成を訪問すると、必ずおいしいお茶を出してくれた。なにか営業の中継点のオアシスのようなお客さんだった。そのような関係が十年以上続いた。

技術課長はロンドン郊外の子会社の技術指導に一年間出張していた。その時部下が重度の胃潰瘍にかかり、日本で治療したく飛行場に行った。しかしイギリスの病院より、飛行場の方に連絡がありイギリスより出国できなかった。

日本の保険会社に連絡したら、さっそく日本よりベテランの看護士が来て、付き添って日本へ帰国した。

保険会社の説明では「世界のどこの国でもベテラン看護士を派遣します。たとえばアフリカの奥地でも、そのような契約になっております。場合によっては飛行機を飛ばします。当然旅費は全額保険会社負担です」といった。

三甲化成は最初は私のオアシスのような得意先であったが、その後（つまり十年のティータイムの後）十五年で約二億円くらいの機械の注文をもらい、私の大得意になった。今にして思うと「ティータイム」がいかに重要であるか分かった。

私が趣味で描いた油絵も、機械納入とともに贈呈し、十点近くなり、工場の事務所の廊下に「沼尾美術館」を作った。プラスチック工場内に美術館があるのは珍しいと得意先の評判になっている。「人生、見込客と思ったら、遊びの感覚で、お客さんの所に長期間行くべきだ」と思った。

得意先倒産

（一）ナカフジ工業

ある日の夜、私の仕入先より自宅に電話が入った。

「ナカフジ工業が倒産した」

ナカフジ工業は昔からの得意先であるが、幸運なことにナカフジ工業の売掛金、受取手形はなかった。

次の日の朝、ナカフジに行ってみた。門の前にはトラック六台が機械持ち出しのチャンスを狙って待機していた。

事務所には従業員がみんな出勤していた。その真ん中にS氏がいた。S氏がみんなに指示し、この倒産を仕切っている様子だった。入り口には張り紙があった。「ナカフジは倒産いたしました。今後の窓口は〇〇弁護士になります」という簡単な内容だった。

社長は五十歳で若く真面目で、よく得意先を回っていた働き者であった。主製品は日立製作所の協力工場より、レンズ成型へ転換している最中だった。

普通会社が倒産すると、関係者以外立入禁止か、取立屋による占拠が多い。

ナカフジの場合、全員出勤している。一般的に突然の倒産は従業員に心の準備も破産関係の法律知識もなく、ただ債権者より逃げ回っているのが多い。売掛債権は税務署に差し押さえられたので、二カ月分の未払い給与をもらうため、いろいろみんなで方法を話し合っていた。

S氏は五十八歳で、以前裁判所の運転手をしていた。実際は強制執行の実務部隊である。

学校で勉強した法律より、肌で覚えた法律なので、実務的かつ説得力がある。

マチ金の取立人は続々来たが、S氏の正統派的法律知識と従業員の団結力で対抗していた。従業員は「労働債権はすべての債権に優先する」を合言葉に、マチ金の恫喝《どうかつ》や脅迫には屈しなかった。逆にS氏の太い首と鋭い眼とドスのきいた声など、どちらが取立人か分からないくらいだ。取立人はみんな手をこまねいて何もできなかった。取立人は最後にS氏に弁当を差し入れ御機嫌を取っていた。まったくの逆だった。従業員は三人が交代で会社に泊まり、保全の見張りをしていた。取立屋は三時間もあれば、すべての機械を搬出できる。その隙を探したが不可能だった。

ナカフジは従業員二十五人、売上げ四億の小規模な会社であった。中国製の安い双眼鏡に押され、経営が苦しく融通手形を発行したらしい。

融通手形発行の場合は、一時借入と違って借入金額は何千万円の高額になる。貸付金の回収に取立屋も必死だったろうと思った。

倒産して二週間経過し、行先不明の社長と連絡が取れたらしい。

「機械を売却し、労働債権に充当するので見積書が欲しい」との専務よりの話であった。

私も後で問題が起きないよう、弁護士とよく相談し買い取った。分配金は一人当たり六十万になった。

会社が倒産し、マチ金の取立屋が押しかけてきても、社員が団結し対抗すれば、未払いの月給分は確保できるという見本であった。

（二） 大明電装工業

私が商社として独立して、初めての不良債権発生の倒産であった。

機械割賦販売のときの条件として、リース会社に支払いの連帯個人保証をした。その支払い残高が一千万残っていた。当然倒産すると私個人に一千万の支払い義務が生じる。

大明電装工業は栃木県の西那須野町にあった。自動車だと東北自動車道、西那須野塩原インターで降りると右側が塩原温泉、左側が西那須野町である。

青き那須連山を間近に仰ぎ、塩原温泉の入り口となると、ビジネスに来たというより、ゴルフや観光に来たと錯覚するような風光明媚な所である。

大明電装工業はインターチェンジより五分くらいの、塩原温泉とは反対側にある工場団地に、敷地二千坪の本社工場があった。

四月下旬は一年中でみんなが待っている一番よい季節である。すべての緑が光り輝き、花は開き心が躍動する「聖五月」の幕明けである。

そんな季節、四月二十九日の「みどりの日」に、倒産の第一報が入り、正式には五月六日の連休明けの日、手形交換日に手形が不渡りになり正式に倒産した。

大明電装工業は年商十七億、従業員七十人、大手ランプメーカー（市光工業）の下請けであった。市光工業のコストダウンが厳しく、社長は多角化を考えていた。社長の依頼もあり、私の総合商社ニチメンとでタイアップし「コルゲートチューブの将来」というレポートをまとめ、多角化戦略の資料として提出した。

また国内のコルゲート機械メーカー、未来精工とも話し合い、ノウハウ、金型とともに、ニチメンは大明に販売することを約束してくれた。

未来精工は未来工業の子会社であり、いろいろな業界動向情報を持っていたので、ニチメンの仲介もありお互いにタイアップすることで、有力なプロジェクトになりつつあった。

大明電装の社長も勉強家であり、この件をよく調査し、決断し、何回かに分け総額一億円の機械を購入した。

機械の支払い方法は、十二回分割の自己振出手形であったり、リース会社を利用した。時には銀行借入の現金の場合もあった。最後の機械購入代金はクレジット会社の割賦支払いを利用したが、会社の決算書が悪く、クレジットの契約条件は私個人の連帯保証を条件にした。

コルゲートチューブも三年前に納入した。一号機、二号機ともフル操業で会社のドル箱になり、このまま推移すれば将来、優良企業になるだろうと思い、クレジット会社の三千万の機械の支払いに関する連帯保証の要求に対しても私は応じた。もちろん私自身、売上げが欲しかったこともある。

社長の趣味はゴルフで、オフィシャルハンディ11であった。もう少しでシングルである。経理担当の奥さんもゴルフはうまく、夫婦で一緒にプレーしていた。社長は投資を兼ねてゴルフ会員券を十カ所持っていたが、すべてバブルの一番高いときに入会した。ゴルフの会員券は土地と同じように下がらないという社長の信念があったようだ。

それが会社倒産の命取りになった。ゴルフ会員券の投機の損失は二億円はあった。脆《ぜい》弱《じゃく》な財務のところに二億の赤字で、ますます資金繰りが苦しくなった。銀行借入は限度いっぱいなので、高金利の商工ローンも利用していた。驚いたことに幹部社員数人は、商工ローンの連帯保証人になっていた。その中の一人に、昔からの社員である運転手がいた。いよいよ商工ローンより借入れができなくなるとマチ金だ。一般の経営者はマチ金の借入れまではいかない。その前にブレーキが効く。マチ金は超高利でヤクザの世界であり、担保物権はない。取立ては脅迫であり暴力だ。

四月二十九日のみどりの日の休日の朝、知人より自宅に電話があった。

「大明電装工業の扉や門に、マチ金の立入禁止のビラが張ってある。何か異常だ」

さっそく、原料商社とともに夜十時、大明電装に行ったら、工場内の電気がついている。工場の扉や窓ガラスにはすごいビラが張ってあった。中には人はいない様子なので、窓のガラスを割り工場の事務所に入った。すぐに民間の警備保障会社の人が来た。アラームがなったみたいだ。

「この会社はつぶれたよ。警備代も取れないぞ。会社の上司によく言っとけ」と言うと、ガードマンは「分かりました」と言って素直に帰った。なんのためのガードマンなのか理解に苦しむ。こんなガードマンなら番犬のほうがよい。事務所には予想どおりだれもいない。事務員の机の上は請求伝票は書いてある途中だし、飲みかけのコーヒーカップもそのままだ。どの机もデスクワークの途中だ。突然何者かを恐れて逃げ、机の上を片づけるヒマもなかったようだ。机の上には、融資の案内とかマチ金のメールだ。内容も偉大なる社長様とか、貴方の強い味方とか、毛筆で書いてある。マチ金の勧誘の手紙だ。

大明電装はマチ金の大得意先であり、食い物にされているよきエサだ。一度、資金繰りが苦しいという情報が入ると、彼らはハイエナのように大挙してくる。

豪華な社長室に入ったら、机の上の書類はそのままである。「既決」の書類ケースにも三枚ほど書類があった。金庫だけ扉が開き、中にはお守りがあり「来宝来福」とお守りには書いてあった。戦いの後の戦場にしてはまだ温もりがある。湯気が立っているようだ。アンパンの食べ残しが一個あった。マチ金が社長室を占領しているときに食べた残りだということは、食事抜きで借金返済を迫っていたのだろうか。

大明電装は銀行借入が三億あっても、きちんと抵当権付の担保はある。商工ローンは連帯保証で貸す。しかしマチ金は少額の貸付金であるが、取立ては脅迫であり監禁であり暴力である。たった三百万の借入れでも、従業員は工場にいられないし、工場は閉鎖である。

彼らは警察の事件にならないことを知っている。債権取引のような事件は民事の管轄であり、罪になるとすれば被害者（この場合、大明電装側）が警察に住居侵入罪の被害届を出すくらいである。

マチ金の取立人がいないということは、彼らの仕事が終わったこと、つまり、貸付金の回収がうまくいったということだろう。うまくいかなかったら社長室を占拠し、結託している業者に機械類を片っ端から安く売る。

そのような機械を買う専門業者もいる。そんな現場にかつて呼び出されたこともあったが、当然、私は断った。

ところで、私が個人的に連帯保証しているコルゲートチューブの製造装置は三台とも忽《こつ》然《ぜん》と姿を消している。だれが、どこに持っていったのだろう。工場長の家に電話したら、工場長は会社に飛んで来た。コルゲートラインは神奈川県のN社がどこかに持っていったという。

会社の倒産とは、約束手形が不渡りになって初めて倒産になる。四月末日が手形満期日、つまり支払い日だが、ゴールデンウィークは銀行は休みなので、連休明け、五月六日になって、初めて大明電装の手形が不渡りになり、取引先に倒産として知れ渡る。

五月六日の手形不渡りの一週間前に、社長はこの会社のドル箱になりつつある、コルゲートチューブ製造ライン三式とも、他の会社に割安で売却し、社長の個人的な逃亡資金にあてた。それとともに工場の短期賃借権まで機械の売却先に与えている。

製造ラインを三式買ったのは神奈川県に本社のあるN社であった。買収金額は二千万円といわれているが（N社が実際大明社長に振り込んだのは一千万円といわれている）、あまりにも安すぎる金額である。倒産する一週間前にこんな値段で買うなんて、整理屋の仲間と見られてもおかしくない。

大明電装の社長は、会社は自分一人のものでなく公的なものであることがまったく分かっていない。従業員、仕入先、得意先、金融機関などの立場をまったく考えてない。会社の資産を個人的に売却する倒産だから、法的整理は考えてないし、弁護士にも相談できない。会社はマチ金や整理屋に食い物にされたあげく、弁護士にも相談できず、機械、原材料、売掛金はなんの保全もできず、三日後にはすべての工場内の資産は無政府状態になってしまった。

倒産する前にコルゲート製造ラインを三ライン買い上げたN社は、この無政府状態を予想したかのように、近くの倉庫にその機械を引き上げ、保管した。嵐の過ぎるのを待って生産再開するつもりである。

私が連帯保証している機械の残高は一千万円である。もしN社が支払いを拒否すると連帯保証しているので、東芝クレジットより私に支払いの請求が来る。N社への対抗上、何か私は行動せねばならない。

三年前、私が大明電装に売った成型機が二台ある。二台とも時価五百万くらいだが、とりあえず預かり金として引き上げるのは明日（三十日）しかない。しかし正式に倒産しているわけではない。いろいろ迷って弁護士に電話した。結果、大明電装の専務立ち合いのもと、成型機二台を預かり、今後の推移を見ることにした。

翌日七時、現地にて集合の指示を重量物運送業者にしたが、彼らは五時に集合していた。もうすでに頑丈な南京錠二個が壊されていた。機械の搬出も無事八時に終わった。彼らの仕事は迅速で、また夜の夜中でも文句は言わない。倒産が得意な重機搬出のプロなのだ。

N社と私はその後話し合って機械の残高の金額はN社が東芝クレジットに支払うことで合意した。私もフライング気味に預かった成型機を保管している意味もなくなったので、その後売却し、代金は専務に返却した。

大明の社長は会社の資金繰りが苦しくなればなるほど、社員一人一人の財産状態を調査した。銀行や商工ローンの連帯保証人になってもらうには財産を持っていなければならない。そのための調査だ。

社員の何人かは社長の求めに応じて連帯保証人になった。社長の経営能力のなさやゴルフの会員券の投機失敗を、社員の連帯保証人の借入れで乗り切ろうとは、どだい無理な話だ。東松山カントリークラブの会員券を一億で買って、一年後五千万で売った。全額借金で買ったから、値下がりとともに元金不足で一年で離さざるを得なかった。五千万の損である。他にゴルフ会員券は八カ所持っていたという。すべて全額借入で会員になっていた。

予想された悲劇は起きた。

ある古い社員は、大きな農家で土地持ちだったので、信金からの借入金三千万の連帯保証人になっていた。いや、ならされていた。会社倒産後、信金の返済、督促に対し、妻を殺し、自分は服毒自殺した。このことは埼玉新聞の記事になった。

一般の人には連帯保証人の強い法律的意味は理解できない。検索の抗弁権など、どういう意味なのか、分からないと思う。そこに「所有財産の仮差押」の内容証明が来たのだ。びっくりしただろう。親族一同集まり話し合ったがなんの結論も出なかった。ただ黙って下を向いて帰るだけだった。

他にも幹部社員三人は自己破産した。

大明の社長は、勉強家で理論家だが、性格がハデで、投機が好きだった。また、人に頭を下げて、下手に出るということができなかった。倒産寸前まで、ベンツの中でも最高級車に乗っていたが、それもリース車だった。まったく倒産する会社の社長には見えなかった。

私も整理屋との対抗上、成型機を搬出した。それが原因で実質の倒産被害は受けなかった。

自己破産した、元幹部社員二人と私は、倒産後話し合った。

「社長は弁護士と話し合って法的整理し、一番のドル箱のコルゲートチューブ生産に専念していたら再建は早かったろう」

「何せコルゲートチューブ機械の支払いも順調に終わり、生産はフル稼動であったから」

「社長は会社の財産を勝手に売却し、自分の逃亡資金にするんだから」

話はいつまでも続いたが後の祭りだった。

那須連山の峰々も、入道雲をバックにいやに間近に見えた。

もう七月だ。夏だった。

（三）タテックス

大明電装工業の倒産も被害額ゼロに終わってホッと一息する間もなく、今度は宇都宮の大手プラスチックコネクターのタテックスの倒産であった。

私は電動小型射出成型機五台、金額四千万を六カ月据え置き、十回分割手形で売却した。

その十回分割の最初の手形期日が来た日に会社は倒産した。

第一回の不渡り発生のときは、会社側の説明では経理上の単なる入金ズレということで、債権者を集め説明会を開くとともに、一回目の不渡り金額分を全額銀行に振り込んできた。

会社の今後の資金計画、経営計画等を数字で発表し、「みなさんのご協力を仰ぎたい」と、社長は涙ながらに説明した。

私はいくら再建計画の説明を受けても、第二回目の不渡りは避けられないと思い、法的な準備を含めて、二回目の不渡り、倒産に備えていろいろな面で準備していた。

「会社が倒産し、条件付販売（所有権留保）の機械でも他の債権者に渡ったり、また善意の第三者に売られたら機械を取り戻すことは不可能」なのが一般の常識だ。

私が売った機械に「持ち出し禁止」の張り紙をした。機械の所有者とともに、管理者の弁護士の氏名と電話番号も表示した。表示の件は弁護士も快く応じてくれた。

また弁護士の指示に従い「機械引き上げに関する協定書」もタテックス社長との間に調印した。

協定書の内容は、「不渡り発生の恐れのある場合は、機械をすぐ引き上げることに異議はない。社長不在の場合は幹部社員が代行する」との内容だった。

メーカーの顧問弁護士は「売買契約書を公正証書にしろ」との指示だったが、会社倒産の非常時には公正証書を見るような人はいない。また倒産時、たいがいは社長は行先不明なので、代行者で「可」ということは幅広く解釈できる。すべての人が幹部社員になることの協定書は、機械引き上げのとき非常に役に立った。タテックスは売上げ五十億、従業員二百人の大手企業であった。得意先も自動車、弱電コネクターとバランスよく、特に金型部門は技術力が高かった。東京中小企業投資育成会社の投資も受け、将来は上場企業への展望も開けていた地方の有望企業であった。

だが、創業者社長が病気引退により、二十六歳の創業者長男が二代目社長になると、二代目の経営能力不足から来る将来への不安により、幹部社員が大量に退社した。そのため業績は急速に悪化した。

またソニーの売上依存率が高くなるとともに、ソニーの厳しいコストダウンが来て、会社の業績の足を引っぱった。

会社の業績悪化は資金繰りを苦しくしたが、メイン銀行の足銀がまったく融資面で協力できず、商工ローンの高金利融資に走った。その当時（倒産する三年前）より粉飾決算するようになった。私もバランスシートを見て、支払い利息の異常な高さや、不渡り発生の手形銘柄の分析等したが、決定的な粉飾決算と断定できなかった。ただ新しいお客さんと会社側では言っていたが、融通手形と関係あることや商工ローンを使用していることはバランスシートで読むことができた。

二回目の不渡りが発生すると自動的に倒産だ。一回目の不渡りのように単なる経理上のミスとは弁解できない。

二回目の不渡り手形が出るような情報は迅速に、また確実に入手しなければならない。

倒産会社に共通していることだが、社内の人からの情報はまったく期待できないので、退職した幹部社員の自宅の電話番号を事前に聞いておき、時折、会社の情報や変化の有無を確認した。

「もし突然、会社破産のビラが張られると、すべての機械、事務機等は弁護士の管理下におかれ、持ち出しはできない。たとえ、所有権留保付機械でも例外でない。買い主の同意がないと、機械を勝手に引き上げはできない。同意なしで勝手に引き上げると窃盗罪になる」。以上が法律である。

十一月のある晩、時間は十時になっていた。晩酌を終え、一人でテレビを見ていた。この時間は頭は空ッポで何も考えてなかった。

突然電話が鳴った。相手はタテックスの元部長だった。電話の内容は次の通りだった。

『明日朝六時、タテックスの幹部社員は会社に集合するよう』という電話が、社長より直接部長の自宅にありました」

「ありがとうございます」と言ってすぐ電話を切った。（やっぱり倒産だ）と思った。

すぐ知り合いの重機トラック業者の自宅に電話した。こういう緊急の場合は、会社組織の運送業者は駄目だ。特に倒産の引き上げ作業など、他の債権者の妨害があるので安全面を保証しなくてはならない。安全の保証などできっこない。個人業者に限る。

「明日朝五時、トラック五台頼む。集合場所、タテックス工場前」

自宅にそれだけ言って電話を切った。

いくら倒産の情報が早くても、肝心のトラックの手配がつかなくてはなんにもならない。こんな緊急時（特に夜間）に、すぐに重機トラック五台を集めてくれと言っても集まるものではない。日頃より小回りの利く個人業者と仲よくしていることだ。

個人業者はなんとか五台揃えた。大明電装のときもそうだったが、倒産専用トラックのようにも思えた。トラックのどこを見ても会社名など書いていない。まったくの無印だ。後のトラブル防止のためである。

十一月の朝五時の時間は真暗だ。工場の門の前には、トラックがエンジンをかけて一列に並んで「倒産のゴーサイン」を待っている。出陣の軍隊のようであり、異様な風景であり、異様な雰囲気だった。今にでも軍艦マーチが鳴りだすようだった。

（もし倒産しなかったら、これはフライングだ）。しかしそんなことは考えもしなかった。（もしトラックの手配が一日遅れたら、そしてだれかの手に渡っていたら）。そちらの心配のほうが大きかった。

「仕事かかれのフラッグはまだか」というような運転手の顔つきだった。

六時になり空はそろそろ明るくなってきた。

私はまだ暗い工場の中に入った。びっくりしたことに、すべての成型機の金型がないのだ。金型がないということは、お客さんはすべてこの会社は倒産すると判断し、昨夜金型を持ち出したのだ。一番最初の金型持ち出しはソニーだった。ソニーは下請け会社の倒産慣れしていて、このような場合の規範があるようだ。

金型はメーカーの命だ。もし金型がなくなったら自動車のラインは止まってしまうし、再度金型を製作するのには三カ月はかかるし、膨大なお金がかかる。よく金型を知っているヤクザは、倒産のドサクサに金型を持っていく。小型で運びやすくメーカーも困るから金になりやすい。

メーカーは必死になって昨夜金型を持ち帰ったのであろう。

だんだん明るくなってきたので事務所も覗いてみた。面識のある経理の人が一人いた。私の顔を見るなり、「私はタテックスの社員ではありません。昨日会社を辞めました」と言った。債権者の私に何か言われるのがいやだったのだろう。私に会うなり予防線を張った。

七時になり、その男の携帯電話が鳴った。

「分かりました」と言って電話を切った。

そしてカバンより一枚のビラを張ろうとしている。「会社倒産いたしました。保全のため工場立入禁止」の張り紙だ。

俺は大声で言った。

「その紙張るの、ちょっと待ってくれ」

男は躊躇《ちゅうちょ》したが、張るのは中止した。それとともに両手を上げてトラックの運転手に合図した。

「搬出作業にかかってください」

ついに作業開始のフラッグが振られた。私は素早く持ち出し予定の機械にテープで印をつけた。トラックはすぐに構内に入り、成型機搬出作業にかかった。彼らは重機のプロである。一台五トンの機械五台くらいは、一時間もあればすぐ引き上げる。八時過ぎに、無事作業は終了した。

搬出作業が無事終わるのを見計らって、タテックス元社員は「会社倒産につき、一切の立入を禁ず。○○弁護士」の紙を張った。

しかし成型機をトラックに積み終えても、このまま帰ることはできない。搬出のため立ち合い証明が必要だ。証明がないと窃盗罪になる。

立ち合いのため製造部長の家に電話したら、ちょうど会社のほうに来る途中だった。この前社長と結んだ「機械引き上げに関する協定書」を見せ、書類にサインをもらった。指定された機械以外、一切積み込んでいないことを確認してもらった。

そしてトラックは整然と出発した。

他社の債権者はだれ一人として来ていなかった。人間は自分の仕事を完璧に終え、心に余裕ができると冷静になる。

今からこの場所で、今後どのような展開になるか、第三者として興味があり観察したかった。

タテックスの本社は、工場より十分くらいの所にあり、様子を見に行った。債権者三十人くらいが来ているが、行動している人はいない。本社事務所には入れないので、また工場に戻った。

　十時になり、倒産してから三時間たつ。取引業者、協力工場が十社くらい押しかけてきた。普通トラックで来た人が多く、先を競って積み込み始めた。みんな血走って必死だ。保全の人はいなく、タダ紙が張ってあるだけ。二時間前の静けさはウソのように大声が飛び交う戦場になった。

　夕方四時、私はそろそろ帰ろうかなと思っているとき、見覚えのある東京の大手商社N社の営業マンが来た。大手商社といっても総合商社のプラスチック原料部門のみを分離、子会社化した一〇〇パーセント子会社である。本社は浜松町の駅から歩いて五分の、海の見えるビルの五階であった。

　タテックスが一回目の不渡りを出したとき、今後の情勢に関して意見交換に行ったビルである。彼とはそのとき名刺交換した。

　N商社の持っている不渡り金額は一億五千万であった。

　第一回目の不渡り発生後、N商社は「タテックスの株主パイオラックスが、副社長クラスの人をタテックスの再建のために派遣し、再建する」という非常に楽観的な見通しを持っていた。その株主とは日産系の上場企業で営業内容はよかった。パイオラックスとタテックス、双方に取引しているN商社だけにその情報は信頼性が高かった。が、しかし私は信頼しなかった。

N商社の営業マンの顔色は蒼白で、目は血走っていた。私とは目だけのコンタクトはしたが、挨拶はしなかった。こんな非常事態に挨拶なんかできるかというような顔つきだった。（無理もない。一億五千万の不渡りを食らったのだから）と思った。

彼らは荒れ果てた工場と工場事務所を一巡し机の上のファックスを持ち上げ、庭のコンクリートに思い切り投げつけ壊した。

そして言った。

「何もかも遅すぎた」

彼らは、この怒りともどかしさをだれかにぶつけたい。しかし、その相手がいないので異常な行動に出たのだ。最後に荒れた事務所の写真を撮り、「畜生、だまされた」と言って、待たせてあったタクシーに乗り東京に帰った。

私は倒産する二時間前（朝五時）から、機械引き上げの準備をしているのに、あの大手商社は夕方四時に来て現場写真を撮って帰るだけか！　そして会社に帰り、上司に報告書や始末書を書いて終わりか！　情けなくなった。

私は命懸けでこの日のために準備した。私は自分の朝からの完璧な行動に対し、自分で誇りに思った。

翌年四月、宇都宮地方裁判所で破産管財人から「倒産の経過と今後の分配予定について」の説明会があった。

出席者より管財人に質問があった。

「売ったばかりのトラックがなくなった」

「カラーコピー機がない」

みんな保全に対する抗議が殺到した。

機械引き上げ後、三日ぶりに熟睡した。そしてまた、趣味のゴルフと囲碁を再開した。

タテックス倒産後は、不渡り手形は私の所では発生していない。

タテックス倒産で被害の出なかったのは、

① 迅速で正確な前の晩の倒産情報
② 考えられもしない早さで動いてくれた運送トラック業者（夜十時に依頼し、次の日二時に出発）
③ いつでも的確な相談、指示をしてくれた弁護士（相談料、なんとすべてで三万円の格安料金）の新江先生

すべてみなさんのおかげだった。

（四）松山産業（四十七億の大型倒産）

私にとっては、売上急成長の優良企業だけあって倒産は個人的に残念だった。なぜなら、社長とは四十年来の知り合いだったから。

松山産業には印刷機をはじめ多くの機械を買ってもらい、合計約一億円以上の売上げのあった大得意先であった。幸いなことにすべて現金決裁だったので、貸倒れは発生していなかった。

いくら人間的魅力に富む社長の営業力があっても、会社は経理を含む総合的管理力で判断しなければならない。

社長は大手自動車部品メーカーより停年退職し、化粧品関係の会社を設立し、十年間で売上二十億になったやり手であった。

社長は停年前の会社、ホンダ、パナソニック等の大企業ばかりと取引していたので、得意先を信用調査する必要はなかった。「与信」（倒産にそなえて最高売上を設定すること）と言っても理解できなかったに違いない。

定年前勤めていた会社が資金的に一時、逼塞し、どこの銀行も融資してくれなかった。

彼は本田自動車に「我社は資金的に逼塞しているので、今月末には倒産します」と言うと、購買担当役員が面会してくれて緊急資金貸付金を二億円振り込んでくれた。そのくらいの営業力の持主だった。

松山産業の主な商品は「美顔器」であった。一台五万円もする「美顔器」を経済的に裕福な主婦層が購入するが、使用期間（三カ月～六カ月）が短いため、つまり購入した最初は毎日必死に美しくなりたいと努力して使用するが、宣伝文にあるような「美顔器」の効果がないとわかると使用を諦める。使用期間が極端に短いため、「美顔器」が壊れたというクレームがこないので家庭の不良在庫になったという、メーカーにとってはメンテ、返品のクレームがない変な利点の商品であった。

ではなぜ倒産したのか？

会社経営には、経理等の管理者のパートナーが必要であり、また社長本人も経理面での、知識と経験がなかった。

経理担当者は一応、福島、会津出身の中年の男がいた。会津出身者には「悪い男」はいないという社長の先入観があった。しかし会社の厚生年金の社会保険代は自分の飲み代に流用し、外注に空《カラ》納入伝票を入れさせては、その金で、コリアンクラブの女に貢いだ。

あげくのはてには、その会津男は、ある日涙声で社長に訴えた。「子供がM大学に合格したのですが、明日納付する入学金がなくて、二人で一晩泣きました」「子供に、おとうさん、どうしてくれるの、今までの苦労が水の泡になってしまうと泣きつかれました」「納付期限が明日なので、ぜひM大の入学金を貸してくれませんか」と頭を地ベタにつけてながくあげようとはしなかった。

社長はそれは大変だと、さっそくM大学の入試係に電話した。「入学金の納付期限を一日延ばしてくれないか」という電話の内容であった。M大学入試課より、折り返し電話が来た。「大学の合格発表は三日後です。調査した結果、そのような名前の受験生はいません」との回答だった。遣いこみもばれて会津男はついに会社を首になった。

一般的には融通手形は、資金繰りが苦しい会社が最後の緊急段階に発行する手形である。松山産業の場合は違った。得意先より「手形割引の枠があるなら五千万の手形を割引いてくれないか」という最初の依頼があり、高マージンにつれられて、軽い気持ちで引き受けてしまった。一度発行した融通手形は止めることができず、後から後から融通手形が発行され、発行先の社長は、会社を整理し海外（フィリピン）に逃亡した。

負債額四十七億円の倒産は各新聞の地方版のトップ記事に掲載された。

また松山産業は倒産の二年前、国税庁の税務監査が入り二千万円の追徴金が取られた。これもすべて経理の無知からきた。私の所にも松山産業に高額な機械を納入したので、国税庁が反面調査に来た。税務署と違って国税庁の職員は、若い優秀な査察官だった。てきぱきと仕事をした。

いくら強力な営業力のあるワンマン社長でも経理と管理が疎いと倒産する良い見本である。

私も取引の実体のない手形を知人の依頼で割引いた経験があった。その手形は神奈川の工作機械販売の四百万円の約束手形であった。

その会社に関して、いろいろ調査したが、調査力不足であった。結果的には不渡りであった。

やはり私の調査不足と同情心で、仕事とは関係ない手形を割引いたことは私の失敗である。

人生すべて臨機応変

すべての人生は筋書き通り行かない。日常のちょっとしたことでも、瞬時の判断力が要求されることがある。

私の場合、瞬時の判断力が優れていると思っているのは、原野で育った野性児の本能ではないかと思う。

大学三年の時、東京より宇都宮に帰る最終列車に乗った。その時東京の駅の入場券しか持っていなかったが、別に不正乗車のつもりはなく宇都宮駅で清算するつもりでいた。

宇都宮駅で降りたら改札口の手前の扉が、なぜか開いていた。その扉から二、三人の乗客が外に出て闇の中に消えた。その後を私もついていったが、運悪く私だけ、取りおさえられ、駅舎の中に連れこまれた。駅員は「乗車券を見せろ」と大声を出した。私は咄嗟に「手話」で応じた。しかし駅員は「なんだ耳が聞こえないのか」と言った。私はさかんに大きなジェスチャーの「手話」を連発したが、駅員には通じなかった。「なんだ、話にならない」と駅員はため息をつきながら言って、外へ私を連れ出し「早く帰れ」と罵声を浴びせられた。私はトボトボと暗闇の中一人、家路につきながら（悪い事をした）と変な達成感と神への「ざんげ」が心の中で交錯した複雑な気持であった。私のとっさの芝居がかった軽率な行動に対して今では心から反省している。

私が四十五歳の時、母は仙台の松島に旅行に行った。その時電車の中で母は脳卒中を起こし、私と姉とで急いで仙台に行った。ちょうどお盆入りの日、列車はすべて満席で、自由席は通路まで乗客であふれていた。その時、私と姉は車掌室（個室）の前を通った。一般的に車掌が不在の場合、施錠してあると思ったが、念のため車掌室のドアを開けたら四人室の車掌室にはだれもいなかった。たぶん車内検札に廻っているのだろう。「仕方ない、ここにすわろう」と私は車掌室にすわりドアを閉めた。姉は心配そうに「友義、大丈夫かい」と私に言った。「大丈夫だよ、車掌が戻るまでの間だ。ちょっと室を借りるだけだよ」と私は言った。

仙台駅に近づくと車掌がようやく車掌室に戻ってきた。「なんで室に入ったんだ」と私に言った。

「ちょうど席が空いていたので借りただけです。ありがとうございます」と私は静かにお礼した。車掌はそれ以上言わなかった。困ったことは、大宮駅より仙台まで、新幹線が通過駅を通るたび、各駅員が車掌室の私に敬礼することだ。私も車掌室より返礼してやった。そのうち返礼もだんだんうまくなって来た。

姉は私に言った。「最初はビクビクしたけど、個室だし快適な旅だったね。二度とこのような経験はできないネ。友義と一緒だといろいろ経験するネ。しかし友義が各通過駅で駅員に車掌室より敬礼するのはびっくりしたよ」と。これも瞬時の判断力を鍛錬した成果だと思う。

トルコに個人旅行した。個人旅行の場合、瞬時の判断力を試す機会は多い。

中国の大連空港で通関を通らず搭乗したのもその一つだ。役に立ったのは、とっさの中国語だった。

トルコで有名な観光コース「トプカプ宮殿」に入ろうと思ったが、一人観光の人は入場ができなかった。テロを警戒している。入り口で断られ、一人で佇んでいた。そこに韓国のツアーの一団が来た。各人にスリッパを配っていた。私は無意識に朝鮮語でトルコ人のツアーコンダクターに「イゴチュセヨ（それ下さい）」と言ってスリッパをもらった。その韓国のツアー仲間と一緒に無料で入場できた。やはり簡単な朝鮮語や中国語を覚えておくべきだ。いつかなにかの役に立つのだ。

瞬時の判断力も時には失敗することもある。

私が二十四歳のとき、秩父宮ラグビー場で全日本対オールイングランドのテストマッチがあった。入場券はすべて売切れで、またテレビ中継もなかった。私は会社をいそいで退社し、すぐに秩父宮ラグビー場に駆けつけた。入り口には入場できない人があふれていた。私は諦めず、ラグビー場の裏側に回った。当時、ラグビー場で一部有刺鉄線で囲った所があった。高さ三メートルぐらいの塀であった。危険をおかして、一気によじ登り、ラグビー場内に飛びおりた。そのとき、背中で「ビリビリ」というスーツの鉤裂きの音がした。二万五千円、買ったばかりのスーツの背中が鉤裂きにあってしまった。当時私の月給は二万五千円であった。二万五千円の入場料は余りにも高かった。

しかしラグビーのテストマッチには、珍しく、全日本が健闘し勝利をおさめた。世紀の勝利の一戦をこの場で見た価値は十分あった。

二万五千円は安かったのか、高かったのか、しかし世紀の一戦をグラウンドの芝生の上の特等席で見たことは、一生の思い出である。

臨機応変の決断力はビジネスにも発揮される。大田区の浦田地区に精密成型機を製造する得意先に、付帯装置としてロボットを七千万円で売ったが指定期日に売上の振込みはなかった。翌日その会社に行ったら債権者のトラックが担保物権としてなにか持ち出そうとしていた。倒産寸前の雰囲気だった。

そのような情況の中、社長と会って私は言った。「社長の個人の連帯保証のある一カ月の約束手形を下さい」。突発的に言葉が出た。

手形は一カ月後無事落ちて全額回収できた。

これも臨機応変の対処の結果である。後で顧問弁護士よりほめられた。社長の連帯保証の手形は民法上、最も責任ある手形であると言われた。

海外出張失敗談

私の得意先で、海外に製造工場を持っているのは十社くらいある。納入先の大手弱電メーカー、事務器関連メーカーが海外に進出した。納入先の強い要請に従って、現地生産を開始した。海外といっても圧倒的に中国が多く、タイやマレーシアに進出した会社も、逆に中国に再移転した例もある。

理由は日本円で月五千円という賃金の安さと労働者の質の高さである。

私の得意先の中国の進出は、広東省の経済開発特別区域に指定されていた深圳市や東莞《とんがん》市であった。特にパソコンやＯＡ関係等の精密関係分野はすべて、協力工場も揃っていることもあって、この地域に進出した。

その後、カラーテレビ、エアコン関係の日本企業は上海地区にした。割合、家電でも大型の製品である。大連地区は日本に近い割に進出が遅れた。協力工場等が少なかったように思える。

私みたいに一人でやっている商社でも、たとえ海外貿易の実務がなくても、現地事情を知らず、語学ができなくても、輸出ビジネスをやらないと食べてゆけない時代になった。

一人の会社でも、友人、大手商社、銀行、進出している得意先、メーカーの力を借りて、輸出、回収、現地立ち会いをやらなければならない。

また現地搬入立ち会いや、試運転は、だれのサポートも借りず一人でやらなければならない。まず強盗にあっても負けない体力づくりから始め、最小限度の現地語をマスターし、あとは本人の度胸と気力で勝負と、旧日本陸軍の精神であった。外国では、弱みを見せると食い物にされる。いや、弱い人間と見たらである。いつでも胸を張って、たとえ通じなくても大きな声で堂々と話をした。

しかし、次のような恐ろしい目にあった。

(一) 香港のホテルで強盗にあう

香港の郊外に沙田という静かな住宅街がある。そこの高級ホテルの十七階に一人で泊まった。夜景が美しく、またエレベーターのそばなので便利な面もあった。

熟睡している夜二時、ドアのキーを壊す音で目が覚めた。(いくらなんでもキーはそう簡単には壊れないだろう)とタカをくくっていた。だが、近くの椅子を持ち身構えていた。ドアを開くような音がした。ドアが半分開く前に大声で「この野郎」と叫び、持っていた椅子を振りかざした。覆面をした男の後ろ姿だけ見えた。隣のエレベーターに乗るなり、すぐ下に降りた。強盗は私の大声と気迫に負けたらしい。エレベーターがすぐ発車したところを見ると、見張役の一人と二人組らしい。しかし夜の二時、熟睡している体がよく無意識に反応したものだ。夢の中の一瞬の出来事のようだ。次の朝、室のキーが壊れていることと強盗の件をフロントに言ったが、私の英語では思うように相手に意味が伝わらず、そのまま日本に帰ってきた。

海外では日本人のホテルの室が狙われるらしい。私の起きるのがちょっとでも遅れたら殺されたかもしれない。

(二) 香港でスリにあう

独立して十年もたつと、仕事は順調だし時にはデラックス旅行をしてみたくなる。香港に一人で行くのは三回目である。前回は強盗未遂事件にあった。あんなホテルに泊まるから強盗未遂が起きた。今回は香港島の見晴らしのよい一泊四万円の一流ホテルに泊まった。飛行機はＪＡＬのビジネスクラスにした。おみやげはロレックスの高級時計を買う予定にし、日本の値段も調査し、小遣いも普通の倍にした。

飛行場よりリムジンでホテルに行き、ボーイは最敬礼して歓迎してくれた。ホテルのバーで一人でウイスキーを飲み、明日からのスケジュールを再チェックし、早めにベッドインした。今回はリッチな旅行ができると眠りについた。

次の日、ネクタイを持ってくるのを忘れたことに気づいた。ビジネスだし香港の大手商社の支店長に会う予定がある。どうしてもネクタイは必要だ。

近くのショッピング街に買いに行った。その後近くの店をブラブラして香港三越に入り、時計売場に行った。予定通りロレックスを買おうと思い、カードで支払おうとショルダーバッグを開いてみたが、お金とともにカードがない。すぐホテルに帰り、ホテルの室中探したがやっぱりない。

香港三越の近くで私に二回体当たりした人がいた。あのグループがスリだったのだ。ホテルのフロントは日本語は通じない、私は英語はできない。

今度のビジネスで会うお客さんは六件だ。日本のメーカー、得意先、商社である。一番最初のお客さんでお金を借りよう。日本から電話で一回話し合ったが、初対面である。理由をよく説明して勇気を出して借りようと思った。ホテル代は日本で支払っているので、二万円あれば無事残りの五件を回って日本に帰れると思った。

初対面で二万円借りるとは、「私は詐欺師と見られないだろうな」という不安が走った。日本の各得意先より二千円ずつ借りる、それは物乞い行商だ。香港まで来てそれはできない。やっぱり最初のお客さんに二万円借りよう。

お客さんに会った途端、挨拶代わりに、「香港三越前でスリに今スられました」と言った。香港ドルで二万円を貸してもらい、帰ったら東京本社のほうに振り込むということで話し合いがついた。借金の話は一番最初に言うべきものである。後で言うのはタイミングが難しい。口に出せなかったら終わりだ。

二万円を借りると、本能的に本屋に行った。理由は香港の地図を買うためである。香港のお客さんを予定通り、残り五件回らなくてはならない。お金はないのでタクシーは使えない。バスと地下鉄だけだ。

ホテルの近くにスーパーマーケットがあった。朝はハンバーガー、夜はカップラーメン、狭い香港の地理には詳しくなった。二階建てのバスも自由に乗れるようになった。最低三千円は残しておいた。成田より大宮に帰るバス代として。

無事に仕事も終わり、最後の日にはビクトリアピークに登った。当然歩いてのミニ登山だった。上に行くに従って英国人の美しい庭園の邸宅が多い。島の眺望はすばらしい。英国人が香港島を植民地にした理由が分かった。頂上に登りビールを飲みたかったが水で我慢した。

日本への帰り、機内食を食べた。久しぶりにまともな食事だ。かぶりつくように一気に食べ終わったら、スチュワーデスがびっくりして「お代わりしましょう」と言ってもう一つ機内食を持ってきた。機内食のお代わりができるなんて、ビジネスクラスはよいなぁと思った。やっぱり今度の旅行はデラックス旅行だ。成田より大宮行きの直通バスに乗り熟睡した。サイフの中身は五百円だった。

(三) ジャカルタで雲助ドライバーにあう

ジャカルタのスカルノ・ハッタ国際飛行場は悪質ドライバーが多いので有名だ。ジャカルタ出張は二回目でもあるし気の緩みがあった。

きちんとタクシー乗場に並んでタクシーに乗ればこのような事件にならなかった。青い色をしたブルーバードなら安心という先入観があったのだ。飛行場より出たとたん、ブルーバードが止まっていた。笑い顔の客引きがこの車に乗れという。確認したらちゃんとメーターもついている。これなら安心と思って乗った。

タクシーが走り出して五分くらいたったら、ジャカルタまで日本円で五千円と言ってきた。一カ月前はジャカルタの同じホテルまで千円で行った。高いので千円しか払わないと言った。メーターをよく見たら実物でなく単なる写真だ。なんだニセのブルーバードだったかと思った。そのうち車は突然大通りより細い路地裏に入った。何か汚い町だ。バラック小屋が並んでいた。運転手は車より降りて、どこかに行った。私一人で車に乗っていたが、何か不安であった。運転手が仲間三人を連れてきた。人相のよくない不良の青年だ。何か目だけ「ぎょろっ」として私を睨みつけている。「タクシーより降りろ」と言う。不良仲間は棒も持っている。こんな路地裏で私が四人と闘ったら負ける。こんな所で殴られたくない。不良の三人はさかんにタクシーのガラスを叩いている。五千円で命は失いたくない。(仕方ない五千円はしゃくだ、三千円は払おう)と心に決めて運転手と交渉した。交渉は成立した。

「三千円この場で払え」と運転手は言う。仕方ない、運転手に三千円をすぐ渡した。運転手は千円を自分で取って残り二千円を不良仲間に渡した。いつもこのようにグルで、何も知らない旅行客を脅しているのだろう。

運転手は運転を再開し、無事ジャカルタのホテルに着いた。あの雲助タクシーに乗ったのは私のミスだったと今でも反省している。

（四）大連飛行場で飛行機を止める

中国大連飛行場は海に面して霧の多い飛行場である。当然、飛行機は欠航も多く、また時間はよく遅れると言っていた。

一人での中国の仕事も無事終わり、あとは日本に帰るだけであった。

私の乗った中国国際航空は北京発大連経由成田行きであった。言葉や地理が分からないので、早めに飛行場に一人で行ったが、飛行場内はものすごい人混みであった。現在は新しいターミナルになったが昔の飛行場は狭かった。

何か中国語のアナウンスがあるが意味不明であった。ただ人混みの中、なんとか搭乗券の交換だけはした。空港内のあまりの混雑に、とりあえずレストランに入り、コーヒーを飲んでいた。甲高い中国語の場内アナウンスが突然放送された。とたんに大勢の人が通関に殺到した。悲鳴を上げる人、腕を上げて前の人を押す人、失神してその場に倒れる人、泣き叫ぶ子供、その上をみんな踏み越えていく。早く通関を通りたい一心だった。

私も急いで通関を通りたい。しかしすごい人混みで通関には容易に近づけない。どうしようと考え悩んでいた。

一番左側の通関口だけなぜか空いている。なぜだろう、試しに通ってみようか。女の人がいた。女性空港職員だと思う。

「辛苦了（御苦労）」「謝々」と言ったら、私の顔を見てにっこり笑った。

すんなり通り抜けられた。もう一つ出国審査があるはずだ。そこで出国印をもらおうと思っていた。しかしどこにあるのか分からない。目の前にあるのは飛行機の搭乗口だ。私のパスポートに出国印がない。一度待合室に入ったら出られない。売店の人に聞いたが、日本語の分かる人はいなかった。どうしよう、一人で悩んでいた。みんな搭乗している。出発の時間も迫っている。仕方ない、乗ろうと思って飛行機の席についた。満席だった。

みんな乗り終わっても、出発の時間が来ても出発しなかった。何か公安二人が飛行機の中に入って、乗客一人一人のパスポートの検査が始まった。たぶんボーディングパスと出国カードの枚数が合わないので全員検査しているんだろうと思った。公安が私の所についに来た。パスポートを見せると出国印のないのを確認した。中国語で何か言っているが分からない。一人の公安が私の両手を後ろに回した。もう一人の公安は首のつけ根を押さえた。私を飛行機より引きずり降ろそうとしている。私は苦しかったが、必死に叫んだ。

「悪意でやったんじゃない。間違えただけだ」と、日本語で言った。

日本人の乗客は私に、「どうしたんですか」「何かあったのですか」と心配そうに聞く。

力ずくで降ろそうとしている公安二人に必死に抵抗して腕が痛い。

しかしラグビーで鍛えた腕力が私にはまだあった。簡単には力負けしなかった。そのうち機長とスチュワーデスが飛んできた。公安と機長が何か話し合っている。その間スチュワーデスが出国カードを書いて私のサインを求めた。そして出国カードを公安に渡して、ようやく公安の手から離れた。

自分の席に着いたら日本人が寄ってきた。

「どうしたんですか」とみんな心配だった。

飛行機は予定より一時間遅れて成田に着いた。理由は私の不正搭乗であった。

あとで通関の件を日本にいる中国人に聞いたら、その通関口はＶＩＰ専用の通関口だそうだ。荷物もなく堂々と「辛苦了」と手を上げて通ったから、女性通関士がＶＩＰと間違えたのだろうと言っていた。

（五）インド旅行でコレラに感染

私の友人がインドのジャカルタのある商社の駐在員になっていた。これからはインドは発展する。市場調査を兼ねて遊びに来ないかという手紙が来た。

五月は日本では若葉の季節、一年中で一番良い気候であるので、インドでも同じ気候だろうと思って喜んで出発した。しかしこの季節は四十二度になる高温の地で地獄だった。行って初めて分かったが、観光はオフシーズンだった。午後一時～三時ごろまでは街には人がいなかった。

友人には参考なる日系企業の工場を案内してもらい、それなりに勉強になった。それとともに、インドではコレラが多いので、生野菜、生水は口に入れないよう友人に強く注意された。

三日間にわたる旅行も無事終わり、飛行場で搭乗手続を一人で取った。機内食が出るまでは四時間くらいある。近くのスタンドで野菜サンドを食べた。その数時間後、飛行機に搭乗し、なにか異常に気持ち悪く機内食も食べられない。

成田に到着しても、なにか言葉に表せない気持ち悪い、ムカムカ感があった。

家に帰って二日目、猛烈な下痢をした。開業医にかかり「先生、コレラにかかったみたいです」と言ったら先生はゲラゲラ笑い出し、大量の下痢止めをくれた。しかし猛烈な下痢とともに、両足がけいれんを起こし、苦しい。

直接保健所に電話し「インドに行ってコレラに感染しました」と言ったら、「医者経由で連絡下さい」との返事。

ようやく医師会病院に入院し、三日後「コレラです」と主治医より宣言された。東京の国立感染症研究所よりコレラの検査結果が来たとともに、法定伝染病指定病院に隔離転院した。コレラと分かったら二日後劇的に下痢は止まり、回復した。コレラと分かるまでの五日間の苦しみはウソのようだった。

隔離されている個室には携帯電話を持っていったので従来通り事務所と同じように電話で営業ができた。お客さんより電話が鳴った。「私は今、大阪に出張中です」と答えた。中には私の事務所の近くにいるので寄りたいという電話もあった。ありがたいことに個室に隔離されていることが悟られずに営業は従来通りできた。携帯電話は便利な物であるとつくづく思った。

回復とともに各新聞の地方版に小さく「さいたま市の会社社長、インド旅行中にコレラに感染、現在回復中」との記事が載った。保健所でも「六年ぶり、埼玉県コレラ発生」と色めきたった。このような小さな記事でも結構読んでいる人は多いと実感した。コレラの件を友達に話すと「なんだ、沼尾さんだったの」と言う人が多かった。

子供のころ、赤痢、腸チフスにかかったので、三大伝染病にかかったことになった。後はエボラ出血熱にかからないよう、海外旅行は極力控えている。

趣味の絵画

お客さんのKさんが定年になり、水彩画教室を開いた。しかし生徒が三人しかいなかった。私は絵には興味も関心もなかったが、私に殺し文句で「美人の奥さんの生徒が三人いる。一回参加しないか」と言った。最初サクラとして教室に参加したが、どういうわけか三年続いた。

近くの画廊ですべてただにするから個展をやってくれないかと誘われた。そこの画廊主は、各新聞社にパイプがあり、各新聞社は個展の案内を載せてくれた。

絵は一点一万円で売り、残りは近くの喫茶店、焼鳥屋、ゴルフ練習場、代議士（枝野幸男）に贈呈した。代議士のインタビューと共に私の絵がテレビのバックに映るのがうれしかった。

その後太平洋美術会に入会し、熊谷に「沼尾美術館」もできた。絵を描くことにより、いろいろの人と知り合いになるのは楽しい。

第三章　独立して成功するための十四カ条

退社をしたい人への回答

① リストラで指名解雇にあった人

あなたは非常に幸せです。会社であなたの能力を認めてくれなくても、あなたの能力をうまく活用する人がいなくても、独立後の心配は不要です。会社の一部の限定された人の評価と、社会一般の多くの人の評価はまったく別です。

社会一般の評価は正しく、その評価はあなたが努力する限り永遠に続くのです。

会社の上司の評価は、上司が退職したり異動したら終わりですし、自分のライバルになるような優秀な部下の評価は低いものです。

リストラで「辞めるも地獄、残るも地獄」と言いますがウソです。本人の努力次第ですが「辞めるのは天国、残るは地獄」です。

指名解雇が不服で裁判をする人がいますがやめてください。せっかく与えられたよいチャンスですから前向きに考えてください。

② 吸収合併で屈辱にあった人

私も経験がありますが、この屈辱にあうのは苦しいことなので、無理して会社にいる必要はありません。吸収された会社は占領されたのです。合併前に「優秀な人材は平等に扱う」と言っていたとしても、そのように扱うことはまずありません。吸収された従業員は一生、窓際か子会社への左遷です。

会社にいても重要な地位にもつけないし、亜流です。吸収されたのはトップの経営能力の差です。その悔しさをバネに独立してください。その苦しさを忘れないでください。

③ やったことのない（いやな）仕事に回された人

これは幸運です。やったことのない仕事とは未経験の分野ですが、あなたが全力投球すれば、得意分野になるかもしれません。そうなればあなたの財産です。いやな仕事を一日も休まずすればまわりの見る目が違ってきます。根性は一生の宝ですので三年間は続けてください。必ず人と違ったたくましさが身につき、それが自信になります。どんな苦難でも来いという前向きな人間になれます。私も若いとき、三交代要員になり根性がつきました。人間の能力は、学校の成績の能力と、そこでは計れない非認知能力があるのです。いやな仕事とは、まさに非認知能力を高める職場です。その能力こそが転職する時、重要なのです。

④　**退職金が少ない人**

会社倒産の場合は退職金は出ません。少しでも出れば立派です。退職金の少ない分、必死になって働けばよいのです。

会社の組織で一人だけ営業成績を上げれば、みんなの嫉妬で仲間外れになります。しかし独立すれば、いくら売上げを上げて稼いでも嫉妬されないし、自分の儲けになるのです。私の場合、退職金は株で紙っぺらになりましたが、仕事に全力投球しその分をすぐ取り戻しました。

退職金の多い人ほど、「楽」しようと思い、自立心がなくなります。お金がないことは働く意欲の活力源です。

⑤　**早期退職制度に応募しようか悩んでいる人**

それは自立するチャンスです。惰性的で無気力な生活の殻を破り、積極的な人間に転換するチャンスです。自分で壁を破り困難を乗り越えるたくましい人になってください。

アメリカでの有名な話があります。

「ある湖のほとりにおじいさんが住んでいました。渡り鳥にエサをやっていました。冬の寒波が来るとそのエサを求めてたくさんの鳥が来ました。そのうち渡り鳥はエサが豊富なので、一年中そこにいました。渡り鳥は自分でエサを獲ることを忘れてしまいました。おじいさんが死んだら、渡り鳥も死んでしまいました」

エサをもらっている鳥はあなたです。早くエサを自分で獲り、自立しなければなりません。会社は永遠ではないのです。いつまでもエサ（月給）はくれません。早く野性の本能に戻って自分でエサ（お金）を獲ってください。

日本産業の悩みは開業率の低下にあり、活力がなくなりつつあります。高校生の就職難が叫ばれていますが、中高年の人は会社を辞め、その席を若い人に譲ってやってください。中高年の人は今までの経験を生かし独立してください。

日本の教育もサラリーマン養成所でなく、独立自営になる教育をしてもらいたいものです。

⑥　再就職したが小さい会社だった人

大きな会社では組織の一員になり、独立するための仕事は何も覚えません。小さな会社に入りますとすべてを自分でやりますので、独立するための研修所に適しております。早く計画を立ててスケジュールを組んでください。社畜になる可能性はありませんから、半分独立したと同じです。社長の隣りで社長の行動力を観察しているだけで勉強になるのです。

⑦　独立する才能がないと思っている人

自分の才能に気がつかないことが多いものです。独立し努力すれば自然と才能がよみがえり、サラリーマン時代に陳腐化した能力も活性化します。今まではその能力を磨く必要がなかったのですが、独立すると必然的に毎日磨く必要が出てきます。頭脳明晰な人は独立には向いていません。優秀な人はすべて行動する前に計算し、無理なこと、無駄は行いません。しかし才能のない人は、無駄と分かっていても可能性にかけ行動します。それが重要なのです。自分で才能がないと思ったら、才能のある人に近寄り助けてもらうこともできます。

独立する人で「才能がある」と自信タップリの人はいないものです。

⑧　嫌な上司に会った人

こんな上司に会うと、あなたは、毎日ストレスに悩まされ、ノイローゼになるか、出社拒否症になり、ひいては引きこもりになる可能性があります。私も経験がありますが、人間関係はいくら努力しても無駄です。今の職場で独立するための研修期間の場合は別ですが。

上司を嫌だと思うと、上司もあなたのことを嫌だと思うのです。人事のローテーションが期待できればよいのですが、期待できなければ退職してください。

私は四十歳よりゴルフをやりますが、その仲間で、東北から昭和三十年代、中学卒業と同時に集団就職列車で上京し就職した人は、みな独立自営を目指したのです。その結果、社長になっていたのです。皆、夢があったのです。

現代では夢がなくなりましたが、次の職業は独立できる職業で選択してください。税理士、行政書士等の高度な知的職業もありますが、建設関係の電機、水道、塗装等の専門技術者の道もあります。レストランやスナックも本人が好きならば成功するでしょう。農業も人間関係から開放された自由な職業ですが、研修期間とコネが必要です。

独立自営は人間関係より開放された人間性にあふれ、高収入も夢ではないのです。読者が営業マンなら、ワンマンカンパニーをぜひ目指して下さい。

人生の一番働きざかりの時期に波長の合わない上司の下で働くことは、いかにマイナスであることかを悟ってください。

独立の道を模索し、充実した人生を送って下さい。

一　快活な性格になる

独立するためには、サラリーマン時代と違う意識が必要です。私の場合、専門商社つまり販売業なので、人と人との結びつきによって成り立っています。人間関係がうまくいくためには、人によい印象を与えることが必須条件です。

私の性格を自己分析すると、協調性のない、暗く、高慢な性格でした。持って生まれた自分の性格をよく知り、矯正しなければ商社は成り立ちません。

林学博士、本多静六先生は、著書『わが蓄財の秘訣』（実業之日本社）の中で「たえず快活であれば、人に可愛がられ成功の基」と述べています。

私は自分の性格を矯正することから始めました。それには会社を出る前、自宅で、また歩きながら、電車の中で「冷静、忍耐、快活、陽気、感謝、謙譲」と何回も繰り返して、心の中の座右の銘にしたのです。何回も繰り返すことにより、自分の性格が直りつつあるように思えました。実際少しは直ったと思います。またこの言葉を仕事中も机の上に張って、たえず繰り返して言い続けました。

自分の顔の欠点は暗さでした。いつも笑顔で人によい印象を与える顔でなければなりません。それには日頃から努力し、意識的に自分の表情をつくることです。

売り込みでお客さんの所で面会するときは、まずお得意さんのトイレに入り、そこの鏡に向かうのです。鏡の前で意識的に自分のよい表情をつくる練習をします。印象のよい顔とは、笑顔の顔とは、と、斜め前より、そして横より、何度も何度も自分の顔をつくり再検討します。自分の気に入った笑顔が表現できなかったら、面会を延期してもよいでしょう。それほど笑顔は必要なのです。そして自分で気に入った笑顔が完成したら、その笑顔を崩さず、まっすぐお客さんの所に行くことです。

細かいことですが、初対面の人には、名刺を瞬時に出せるよう胸のポケットに入れておきます。汚い定期券入れから名刺を出さないように注意します。名刺入れだけはお客さんに一番目立つので高級な名刺入れを使うようにします。

お客さんに会う前にもう一つ重要なことがあります。今から会うお客さんの顔を、自分の心の中でイメージするのです。「私はそのお客さんが好きだ。私が好きなんだから、お客さんも私に好意を持ってくれるはずだ」と自己暗示をかけます。

人に会う前に、顔の表情と心の準備をしてから会うのです。

営業とは、決闘する宮本武蔵のように真剣勝負です。仕事で人に会うときは、一つの気の緩みも許されません。宮本武蔵の武器は刀ですが、営業マンは言葉です。言葉を適切に選定します。

そのような周到な準備をして面会すると、商売はだいたいうまくいきました。うまくいかなかったときはよく反省し、次の商談に生かしました。

以上のようなことは、日頃の訓練であり、自分で創意工夫したものです。訓練にはお金もかからないし、商売に抜群の効果がありました。

女子社員は、会社で手鏡を持っていますが、男子社員こそ、手鏡が必要だと思います。会社でも、自分の顔の表情は暗くないか、曇りはないか、この顔で人によい印象を与えられるか、たえず自分の手鏡で顔を点検する必要があります。昔の武士は刀を磨いたり、剣術を訓練したように、営業マンは自分の表情を磨く必要があるのです。

営業マンが得意先に与えられる唯一の財産は笑顔です。

こちらが笑顔で接すれば、相手も笑顔で接してくれます。営業の入り口の扉が開かれるのです。

本当の笑顔ができないときもあります。精神的に悩んでいるか、疲れているときです。そのときはその原因を早く取り除かなければなりません。疲れるのは、心からの感謝の気持ちがないことでもあります。

暑い夏も終わり、ようやく過ごしやすい季節になったある日の夕方、私は一日の仕事が終わり、自分の事務所に帰る途中でした。一日の仕事で疲れ気味でした。

大宮の駅前で托鉢の坊さんとすれ違いました。一瞬二人の視線がお互いにギロッと見合って火花が散りました。心の中でお互いに「生意気なヤツ」と思い、通り過ぎました。すれ違って十メートル過ぎてから、坊さんは私を追いかけてきて私の前に立ちはだかりました。そして突然私に向かって穏やかに言ったのです。

「あなたの眼は鋭すぎる。そんな鋭い眼で人と接すると幸せにはなれません。もっと柔和な眼にしなさい」

私は一瞬不意をつかれびっくりしましたが、品性のよい托鉢姿の坊さんなので、興味もあり十分くらい近くのベンチに座り話をしました。

高野山の坊さんで、全国を托鉢しており、今夜は川崎大師に泊まるそうです。托鉢して一日五千円あれば十分、それ以上は要らないとも言います。お坊さんのリュックサックには非常に世話になっていた人の位牌が入っていました。一緒に旅行すると精神的に落ち着くとのことです。私と坊さんとは生きる世界が違うのでいろいろ啓発されました。

その日は、あるお客さんの商談でうまくいかなくてやつれ気味でした。心の中でカリカリしていました。それを坊さんはすれ違い際、一瞬見破り、見ず知らずの私に忠告してくれたのです。

私自身、顔の表情のつくり方を反省するとともに、坊さんには心から感謝し、二千円御布施して別れました。坊さんは私に合掌し、駅の階段を二、三段上がって振り向き、私に最後に言いました。

「奥さんに桃でも買って帰りなさい」

その言葉がいつまでも心に響きました。

快活で陽気な性格では、私の知人であるＤ産業のＡ社長の右に出る人はいません。「おはようございます」「お世話になります」「ありがとうございます」。相手の人より先に声をかけ、声もよく通る大きな声です。たえず笑顔も忘れません。相手に声をかけられる前にこちらから声をかける、をモットーにしているのです。

一緒にＡさんと箱根の保養所に旅行に行ったとき、保養所の従業員一同に、すぐ「お世話になります」と保養所内を一回りしたのはびっくりしました。

ゴルフ場に行っても、キャディーさんや一緒に回る人に、こちらから積極的に声をかけていました。

このように自然と出る気くばりと明朗さは、日頃よりたえず訓練する必要があるのです。旅館や保養所に泊まる場合、お客さんとして当然サービスを受ける権利があるという気持ちより、先に感謝の気持ちを従業員に伝えたほうが、よほど気持ちよくサービスを受けられます。

このような細かな挨拶が、何ごともうまくやってゆくコツなのです。

「ありがとうございます」「お世話になります」「ご苦労様です」と言えない人は、一日十回大きな声で言うことを義務にすればよいでしょう。

二　人脈のつくり方

独立する場合、一番重要なことは人脈でした。私が独立するとき、東京に営業所を出したいメーカーを紹介してくれたり、また神田に事務所を貸してくれたのも、私の先輩の紹介でした。独立した後の売上先、仕入先を紹介してくれたのも先輩が多いのです。私にとっては尊敬すべき先輩であって、第三者的な「人脈」とは一言にいうことはできません。

現在インターネットが急速に普及していますが、インターネットは単に情報の提供にすぎません。情報に基づいていかに行動するかがビジネスですが、最後は人と人の触れ合いです。

人脈のつくり方（人と知り合いになること）は、勇気を出して電話し、人に会ってみることです。ちょっとしたことでビジネスチャンスが生まれ、仕事上の大きな柱になります。

独立して一番先にお世話になったのは、テクノプラス元社長小島氏と、ユーシン精機創業者社長小谷氏でした。二人とも私から電話し会いました。偉い人から、私に会いたいと電話をくれることはないのですから、自ら進んで会ってチャンスをつくらなければなりません。どんな人でも、自ら電話して知り合う権利があります。その権利を使うか使わないかにより、人脈がつくれるかどうかが決まってきます。

自らの運命は自ら開くということです。

大学や高校の同窓会には、積極的に出席します。商売に関係ありませんが、他業界の情報を得ることは、いろいろな物の見方ができます。話題が豊富だと、情報を求めて別の人がまた来ます。

成功している人を見ていると、成功している人の情報は質と量が違うということを感じます。成功している人には、いろいろな情報が集まりプラスの相乗効果が生まれます。

人脈をつくるということは、明るく快活な人間的魅力を持っているとともに、よき信頼関係がなくてはなりません。また嘘をつかないことです。嘘をついたのではよい信頼関係は生まれません。また自分の自慢話ばかりしていると、必ず反発を受けます。謙遜することが必要です。

人脈をつくるということは、目先のノウハウより自らの人格を高めることです。私にはできませんが徳を積めということです。

威張る人がいます。威張るというのは、性格的な問題とともに自分に自信がないから威張るのです。自己がなく自己コントロールできない証拠です。威張る人は、人を遠ざけ情報が入らなくなります。ある人が言っていましたが、「威張る人と盗む人は同じ罪である」。威張るというのも物を盗むのと同じように一つの罪なのです。私のお客さんにも威張る社長がいましたが、ブレーンが定着せず会社は廃業しました。

かつて私は悪いことをされたり、人に傷つけられたりすると、それを許すという寛容の精神に欠け、その人を憎みました。

「人を憎むということは、自分の心に傷をつけることで、自分にとって損することです」と谷口雅春先生は言っています。また、「許すことは、その人に物を与えることと同じです」とも言っています。

谷口先生の本を読んでから人を憎まなくなりました。すべてを許す、つまり人に物を与えるようになりました。そのようなことをすることにより、気持ちが晴々して、心が明るくなりました。谷口先生のたった一行が自分の性格を変えてくれたのです。

私の愛読書の一つに、永遠のベストセラー、カーネギー著『人を動かす』があります。この本は二十年前より何回も読み返し熟読し、本がボロボロになり、今は二冊目の本です。この本に書いてあることを実行したら、すばらしい効果がありました。

独立すると、いろいろな外部スタッフや人脈が必要になります。

仕事をする上で不明な点が出ることがあります。たとえば業界に関係する特殊技術や外国事情など。その場合はその道のオーソリティに聞くのです。オーソリティをいかに多く持っているかも、日頃の友達のつきあいです。

人を許すといっても、すべて許すことではありません。零細の商社では、たえず商権が起きます。商権とは、自ら苦労し開発したお客さんを、代理店を通さず、メーカーが直接お客さんに売ることです。小さな商社は命がけでそのことに反対しなければなりません。

私の知っている営業マンは、すべてそれなりに苦労しています。ただし力のない営業マンの珍しい例があります。

倒産した会社から新しい会社に入ったのですが、まったく新規開拓ができず、既存のお客さんだけ回っていました。

しかし会社が変わると昔のお客さんといえども、そこの会社に出入りしている代理店があります。当然、そこの代理店と摩擦を起こします。

苦労しないで既存のお客さんの所ばかり行けば、いつかその商権がなくなることが分からないのです。苦労してたえず新規開発を志す人は、商権に困らないし、営業マンとして成功します。

三　強い意志を持つ

私は能力、記憶力に劣っていますが、強い意志だけはラグビーの経験もあり、ほかの人に負けないと思っています。営業部時代に上司と性格が合わず、ストレスが溜まり、病気になりました。研究所時代は三年間閑職でした。サラリーマン時代は評価も低く、出世できませんでした。

しかし一度独立して、社会の評価はどうなのか試してみたかったのです。

松下幸之助曰く、「自分が正しいと思っても、会社が認めてくれない場合がある。しかしすべて社会が認めてくれるものは正しい。短期的に間違っても、長期的には社会の判断は正しい」。

今のところ仕事は順調なので、社会に認めてもらっているのだと思いますが、今後は分かりません。

独立した後、サラリーマン時代を「地獄」だと思いました。地獄に二度と戻りたくないと考えただけで、強い意志を持って一生懸命仕事ができました。

会社の地獄からの脱出は、自分で会社を辞める以外手段はありませんが、独立してからの苦しみは努力すればすぐ終わるし、どんな難局でも苦労でも越えればまた楽しみでもありました。今でも会社員時代のことを夢見るとうなされます。私にとっては「会社に残るは地獄、辞めるは天国」でした。

自分の運命は会社で決めるのでなく「自分の運命は自分で決める」のです。

二度と会社員には戻りたくないという強い意志があったから、仕事は粘り強く努力しました。

成功している人がすべて持っている共通因子は強い意志です。強い意志とは自ら困難な道を選び挑戦することです。成功する人は忍耐の力が違います。壁を破る最後の粘り強さがあるのです。

強い意志、忍耐力の養成のため、今までの価値判断を覆す体験も必要です。大企業をスピンアウトし独立を目指す人は、いろいろな苦労、難局に耐えられるか実験してみる必要があります。今までの水膨れ生活より質素な生活に慣れることです。質素な生活とは楽しい実験です。具体的には乗用車より軽の中古車、またはバイクに乗り換えます。お昼はスーパーのおむすび二百二十円、吉野家の牛丼二百八十円、新聞は読み捨てを拾って店では買わない。

以上のことが簡単にできたら独立の成功度は高いと言えます。今までのプライドを捨てて、どんな仕事にもつけるかもしれません。

いくら質素な生活をしても「自分が幸福と感じる」のが幸福です。心の持ち方です。

私と同じ時期、同じ業界で独立した仲間が、意志の弱さが原因で三年持ちこたえられませんでした。上司がいないと「朝九時より仕事を始める」という当たり前のことが意志薄弱でできなかったのです。

独立するとお金は自由に使えることを盾に、毎夜コリアンクラブを飲み歩き、三年で会社を倒産させてしまいました。意志薄弱だから、誘惑に勝てず容易な道ばかり歩んだのです。

翌年、伊東駅前で偶然会いましたが、「俺がここにいることを言わないでくれ」と一言言って、どこかに行ってしまいました。彼は離婚し、マンションも手離し、孤独の身です。倒産のとき融通手形を乱発したので、まだ高利貸しに追われているようです。

日頃遊んでいないと、遊びに夢中になって自分がコントロールできなくなります。やはり遊びの免疫もつけておく必要があります。

独立するのに一番重要なことは、強い意志を持って自分をコントロールすることです。大塚製薬の大塚元会長は、六十歳を過ぎたら一年ごとに酒とタバコを交互にやめました。つまり禁煙と禁酒を、正月を境に、一年間繰り返して自分の健康とともに強い自分の意志力を鍛錬していたのです。

ビジネス、特に独立するということは自分の意志の強さが勝負ですので、自分の意志の鍛錬には参考になります。学生時代、スポーツをやっていた人は精神力が強いと言えます。つまり若いときの鍛錬の成果だと思います。

幸福の価値観とは不思議なものです。銀座のクラブでお酒を飲むよりも、焼鳥屋のホッピーのほうが楽しいときがあります。また大型乗用車より軽自動車に乗ったときのほうが、幸福感を味わえるときがあります。

お金の消費の大小ではないのです。お金は使わなくても、楽しみ方はたくさんあります。

つまり「幸福」とは自分が幸福を感じるときが、幸福なのですから。

四　健康な体をつくる

日本人の三大死因は、心筋梗塞、脳卒中、ガンです。

現代の中高年にとって、生活習慣病の予防管理は、食事とタバコと酒の節制と運動です。運動はゴルフ、ジョギング、散歩、スポーツクラブ等ありますが、私は手軽で一番効果のあるのは自転車であると思います。老後の寝たきり予防にも、毎日運動し、体を管理する必要があります。

ゴルフも一人でできるリフレッシュ効果のある楽しいスポーツです。私は天気がよいと一人でゴルフ場に行き、他の組に入れてもらいます。各人が一人でゴルフ場に来た人だけで一組つくり、コースを回ればよいのですが、同じ会社の同僚三人の中に私一人が入ると、何かお互いに意識し、違和感が生まれます。なんで三人の仲間で仲よくやろうと思ったのに、突然知らない人が入ってくるんだというような雰囲気がないでもありません。そんな雰囲気になると一日中お互いに神経を遣います。

会社人間は遊びまでも会社の人間です。会社以外の初対面の人でも、積極的に話のできる人になってもらいたいのです。

一人で独立すると、当然すべて会社外の人としかつきあえません。社内の人はいないのです。

野球も、サッカーも団体競技であり、会社の組織も同じ集団の仕事です。個人プレーよりもチームプレーが優先します。そのような面で集団スポーツはいろいろ規則があるのです。

その点、自転車は全く制約も規則もない、個人のスポーツです。いつでも、どこでも、何時間でも自分の意思一つで走ります。自転車は、他人の命令、干渉を嫌う、独立して仕事をしている人間に向いているスポーツであると思います。

だれの指示や命令も受けず、自分の意思通り乗ればよいのです。自らの計画と自らの行動で、自由に乗ればよいのです。精神的に爽快でストレス解消になるし、日常の悩みもすべて頭の中より消えます。

毎日のハードな仕事を二十年間、休みなくやり過ごせたのも、サイクリングによってつくられたスタミナと心肺機能強化のおかげです。また仕事上どんな困難にあっても、考え方を前向きに転換できました。

私はロードレース用とマウンテンバイクの二台の自転車を持っています。ロードレース用自転車は二十年で三台乗りつぶし、四代目です。自転車は一台三十万円もする高級車もたくさんありますが、私のは一台七万円の中級車です。自動車と比べれば安い買物です。

私は自宅より自転車で五分の所に荒川自転車専用道路があり、自転車に乗るのには恵まれた環境です。狭山丘陵や国立武蔵丘陵森林公園まで続いている立派な自転車専用道路です。土曜、日曜の休みの日、ゴルフをやらないときは最低二時間は自転車専用ロードを走ります。二時間とはゴルフのハーフプレーの時間と同じです。ゴルフと自転車では同じ二時間でも運動量が全く違います。ゴルフはハーフ二時間のうち、歩いたりスイングするのは半分で、あとの半分は休んだりパットです。自転車は連続して走り続けているので、有酸素運動量としては五倍くらいの価値があるのではないかと思います。この件はＮＨＫの趣味百科、「健康サイクリングを楽しむ」で鳥山講師が詳しく説明していました。

平日でも仕事が早く終わり家に帰ると、一時間は専用ロードを走ります。夕焼けの中、富士山のシルエットを遠くに見て走ると、一日働いた充実感とともに心の奥より幸福を感じます。このような幸福感が仕事上のすべての困難を乗り越えて、新たな意欲を与えてくれます。心身ともに再生してくれます。

自動車ではこのような気持ちになれません。肉体的に運動にならず、精神的に疲れるストレスが溜まります。

自転車に乗り町の中を走ると、郷土の歴史の勉強にもなります。川越の町、江戸時代の流通としての水路の役割、見沼用水の歴史、旧街道を走ると宿場町の面影、すべて発見であり勉強です。

この夏、利根川と江戸川の分流点を見たくて、千葉県関宿町まで、片道三時間を自転車で行きました。景色は雄大でよい思い出になりました。本屋に行くと散歩用マップはたくさんありますが自転車用マップはありません。しかし散歩用マップで代行できるので非常に便利です。

自転車に乗ると、家の近くの公園の花が自分の庭のように身近になります。バラ、牡丹、梅、杜若、花の見頃にはたびたび行きます。

私にとってゴルフと自転車は、健康、リフレッシュ、おいしい酒、仕事への意欲、すべての面でプラスになり、そのため一日も休まず仕事に熱中できました。

独立したら一週間に一回は、何もかも忘れ、健康づくりのため何か運動することです。

五　銀行、税理士とのつきあい方

いくら会社が小さくても、銀行とのつきあいは必要です。しかし銀行に全面的に依存したり、信頼したりしてはいけません。

独立するとき、国が開業資金を貸付してくれますが、国の融資の借入手続きは面倒であり、金額も少額なので、あまり利用しないほうがよいでしょう。

私は二十年間の会社経営で銀行には期待していませんでした。結論から言うと銀行不要論者です。手形取立て、現金支払い、当座預金等に役立つにすぎません。

会社でお金が不足しているときは、いろいろ理由をつけて銀行はお金を貸してくれず、預金に余裕があるときはお金を借りてくれとしつこく来るのです。

つまり雨の日には雨具を取り上げ、晴れると雨具を貸すというのが実情です。

バブル時代、私の取引銀行の東京相和銀行（現東京スター銀行）は、ゴルフの会員券の販売をさかんにしていました。一口二千万円、ゴルフ場の預かり金であり、満期が来たら間違いなく返す、全額銀行融資なので印鑑を押すだけでよい、ゴルフのプレーはしなくても投資としてよいと勧誘していました。預かり金は銀行員が口答で保証すると言っていましたが、そのときの担当者はほとんど退社しました。

特に私が手形割引の依頼をするのを見計らって、ゴルフ会員券を勧誘するのです。私の弱みを握っているのです。

私は断固としてゴルフの会員券は拒否しました。銀行がゴルフ会員券販売業になっていることがおかしい。真面目な人ほど、銀行のいいなりになっていた不思議な現象でした。

銀行が勧誘していた全部のゴルフ会員券が、タダ同然の紙切れになりました。例外はありませんでした。銀行に文句を言いたくても、担当者は転勤または退社でいないし、銀行自身が倒産しているのです。また銀行は、投資用ワンルームマンションの不動産関係資料も持って来ました。

また東邦生命の個人年金の勧誘もしていましたが、その東邦生命も倒産しました。当時銀行のやり方は本来の目的を外れ、おかしかったのです。私は断固として銀行の融資話に乗らなかったので、銀行の被害を受けずに済みました。もしあのとき銀行のいいなりになっていたら、たぶん当社も倒産していただろうと思うと、ぞおっとします。

当然不良債権増大で、東京相和銀行は倒産しました。

別の都市銀行の話ですが、私に手形割引をさせてくれとさかんに勧誘に来たので、私もなるべく優良会社の手形を割引してもらいました。

しかし、そこの銀行の不良債権問題が発生すると、手形割引の突然の中止を言ってきました。銀行の突然の方針変更にこちらまで影響を受けてはかないません。

多くの得意先が担保不足（土地の下落）を理由に銀行からの借入金の引き上げにあっています。銀行が一方的に不動産を評価して無理に貸付し、担保価値が下がると、一方的に貸付金の回収を図るのです。今日の不良債権問題は無理な貸付をした銀行側にも問題があります。

昨年は銀行のペイオフの件が話題になりました。つまり銀行が倒産しても定期預金は一千万円までしか保証しないということです。

取引銀行のA銀行は、株価が百円を割り、東京相和の件もあるので私は不安になりました（東京相和は株価百五十円のとき倒産しました）。

さっそく、A銀行の窓口に定期預金の解約に行きました。窓口の女子行員から私の担当者に連絡が行き、私の所に担当者が飛んできました。

「株価も下落しているし、ペイオフもあるので危険なので引き取りに来た」と私は言いました。

「大丈夫です。解約しないでください」と男子行員は自信たっぷりに答えました。

「東京相和の件もあるので信用できない」とさらに言いました。

東京相和銀行は株価百五十円のとき、支店長が私の事務所に「おかげさまで不良債権は一掃いたしました。安心して取引してください」と、挨拶に来た三日後倒産したのです。

A銀行の窓口で私の「危ない」という声が大きかったのでしょう。他のお客さんに悟られないようすぐに銀行の応接間に入れられました。油絵の飾ってある豪華な室です。なんと支店長、支店長代理、課長、担当と四人も来たのです。たかが何千万円の預金解約に四人の支店のトップが説得に当たるとは、この問題でいかに銀行が神経質になっているか十分に分かりました。応接室でコーヒーまで入れてくれるとは、六年間、ここの支店と取引してから初めてのＶＩＰ待遇なのは、なんとも皮肉でした。

銀行を信頼したり、頼りにするから自分の会社まで倒産するのです。

私のお客さんの一人は、東京都内に土地を百坪持っていたばかりに、銀行の強い勧めにより不幸にも銀行から借入れしてオフィスビルを建てました。銀行が予想したような賃貸料が入らず、いまだに銀行の借金返済に苦労しています。家賃は直接銀行に振り込んでも、年間何百万は不足しているといいます。

学生時代、学問優秀、品行方正の人は銀行に就職しました。その優秀な人材のいる銀行が、担保として土地しか評価できないとは！

融資する際に銀行は、その会社の技術力、アイデア、企業化方法、販売力等を評価して、融資することはできないものでしょうか。

銀行もいろいろな価値の評価ができる異質の人材が必要です。すべての銀行が土地の不良債権問題で苦しんでいる現在ですが、土地の価値（評価）は下がるかもしれないと、土地担保を厳しく査定した銀行があったか疑問です。

以上述べたように、銀行の宣伝や説明ばかり聞いているようでは駄目なのです。最終的には自分で判断する能力を磨くことであり、自己責任の時代であります。銀行借入れはあてにならないと考え、コツコツ預金することです。それ以外の道はありません。早く銀行不要論者になることをお勧めします。しかし、時には、銀行と取引してプラスになる場合もあります。銀行の催す法律相談、税務相談は無料なので、最大限活用したほうがよいでしょう。

また、海外との取引は、大手銀行にしか振込みしない場合もあります。銀行は海外事情、企業情報にも詳しいのでそれは利用しましょう。

独立して仕事をする場合、法人登記は急ぐ必要はありません。ある程度見通しができてから登記しましょう。法人登記することにより、晴れて一人前で、金融機関には信用がつきますが、それと商売とは別問題です。

顧問税理士は必要です。世間には、公認会計士、税理士、会計事務所、計算センター等ありますが顧問料はすべて違います。一億の売上げで、顧問料百万円より二十万円まであります。いちばん最初は分からないから、すべて経理事務を依頼しますが、ある程度経理が分かったら、すべて社内でやり、決算書作成と税務申告だけ依頼すればよいのです。年間二十万円で十分です。今は税理士過剰なので、遠慮なく安く依頼することです。

いくら儲けても、仕入売上等の脱税は絶対にしないこと。税務署で反面調査をすればすぐ分かります。お客さんより不正伝票の依頼を受けますが、よく説明してお断りします。そのときは文句を言われても、後で不正しなくてよかったと感謝されます。

独立すると経理は一通り分からないとやっていけないので、税理士とはなんでも質問できる関係になりましょう。税理士もサービス業、すぐに答えてくれるはずです。

六　提案型営業マンになる

営業マンは第一回の商談はできても、二回目の商談予約はなかなか取りにくいものです。再訪問の電話をかけても断りの返事だったり、面会予約を取らないで行くと面会はできません。

お客さんも忙しく、この男とつきあってプラスになるかどうか見極めます。だから二回目の面会予約が取れないのです。

第一回目の商談のとき、お客さんは何に困っているかを見極めることです。①営業不振、②同業他社の動向、③新市場の開拓、④新技術、⑤海外動向などあります。

営業不振の場合、どの分野が得意なのか、どの仕事をしたいのか、よく工場技術を見極め、発注先を紹介してあげることも必要です。商売のきっかけだけでよいし、それで十分です。

現在は中国ブームです。中国の実情や合弁企業のプラス・マイナス、労働事情などを話すのもよく、お客さんは勉強になります。

お客さんの立場からすれば、印象に残った人や役に立つような人の来るのを楽しみに待っているものです。

私は最初の訪問のとき、いろいろ役に立つ情報を提供しました。お客さんは興味があったのでしょう、さらにその話を聞きたそうでしたが、私は時計を見て「すみません、次のお客さんの予定がありますので」と言って意識的に席を立ちました。相手が興味があると思ったら、話を小出しにすることです。お客さんは私の後を追って「次はいつ来てくれるのか」と聞いたので、「また電話します」と言って会社を後にしました。

私はお客さんのほうから間違いなく電話が来ると思って電話をかけませんでした。やっぱり電話が来て「いつ来るのか」と聞くので、忙しいけれど都合をつけて行きますと二回目の訪問をしました。二回目の話の途中にお客さんは「ところで何を売っている人だっけ」と私に聞きました。当然、お客さんは私の大得意先になりました。お客さんは私の売っている物より、私の話に興味があったのですが、結果的には大得意先になりました。

営業マンは多趣味でなければなりません。一つのことでも優れているものがあると自信がつくし、相手を飲んでかかれます。また同じ趣味だと分かったときは親しみやすいし、話も弾みます。

提案型営業は、自分で勉強しなくてはならないので大変ですが、せめて日経の隅々まで読む必要があります。いろいろな本を読むことで、相手より物知りになる。物知りでなくては提案営業はできないのです。たえず株式動向、不動産の動き、世界のマーケットなど、把握する必要があります。またどんな質問でも、その場で答えられなくても次回、営業マンの力でベストな答えを得意先に提出する。そのような情報提供力があって、初めてお客さんの信頼が得られるものです。

一流営業マンは売る物など関係ありません。一回会っただけで話をしたいと思われ、相手より電話がかかってくるのです。

七　物の見方を変える

一般のサラリーマンは、新聞の拡販をする人をどのように見ますか？　まともな仕事にありつけない、社会の落ちこぼれと見るか、根性とやる気で毎日飛び込み営業のみで新規契約を取ってくる根性のある人と見るか。私は根性のある後者と見ます。

私の得意先で毎日地下足袋を履き、手拭いを首に巻いている老人がいます。その老人は毎日汚い作業服とまっ黒な顔で、会社の入り口の隣の産業廃棄物処理所で働いています。守衛の役目も兼ねているのです。この老人こそ、大金持ちでこの工場の創業者会長です。私はいつも会長に最敬礼の挨拶をして工場に入ります。

何も知らない初訪問の機械搬入業者は、失礼なものの言い方をこの老人にします。業者はこの老人に対し、容貌、服装より判断して、外部委託社員と判断したのでしょう。すると会長は機嫌が急に悪くなり、「機械は持って帰り」と言われるのです。オーナー会長の命令だけに絶対です。容貌、服装だけで判断するのは間違いのもとです。本当の実力者はボロを着て貧乏を演じている人が多いのです。そういう恰好をしているほうが楽だし、世の中がよく見えるらしいのです。

この会社は最近土地持ちになりました。バブルのとき、投資で土地を買ったのではありません。工場の隣の土地の地主が、相続税を払うために土地の売却を老人に持ちかけてきたのです。それを聞いた工場の前の地主が、何かの投機で失敗し、穴埋めに土地を売りたいと老人に言ってきました。双方とも老人は必要としていたので両方とも買ったのです。バブルも終わり、先方よりの申し入れであったので安く買えたと思います。

地下足袋を履いている老人の会社は無借金経営です。

一般に私の得意先で、外車を乗り、派手で、理論好きな二代目はあっけなく倒産します。ある所に営業に行った折、「子供のポルシェを見ていけ」とか「庭の石を見ていけ」と言う社長は危険だから注意する必要があります。

「庭の芍薬を見ていけ」と言う社長がいましたが、これは違いました。裏手に回ると手入れの行き届いたちょうど見頃の芍薬が満開でした。

今までは大企業の経営は安定し、一生勤務するつもりでしょうから、独立志向の人には不向きでした。小企業は、安定度はなくても独立する人にはそのチャンスがあり、向いていました。しかし現在では安定していた大企業にリストラが吹き荒れ、安定という利点がなくなりつつあります。

どうせ安定という利点がなくなったのなら、大企業より最初から独立を目指し小企業に入ったほうがよいのではないかと思います。大企業に入れればよいという物の見方を変える必要があります。

一般的にメーカーの場合、営業、設計、技術は独立しやすく、総務、資材、企画、生産は難しいものです。同じ営業でも特定のお客さんの営業は独立が難しく、不特定のお客さんのほうが独立しやすい。私みたいにどの仕事も勤まらない落ちこぼれ社員は、いろいろ経験しているので独立しやすいが、上司に可愛がられた優秀な社員は、一つのセクションに一生いるので独立は難しいのです。証券マンでも銀行マンでも会社の金融商品の販売だけではダメなのです。不動産、相続、老後の生活、子供の教育、就職の相談などすべての相談に答えられるセールスマンが、お客さんから信頼され成績が上がるのです。

駅前の浮浪者は、毎日あくせく働いているサラリーマンに対し、「会社では上司に管理され、家に帰っては妻に管理されている。かわいそうな人種」と逆に観察しています。物の見方を変えましょう。

八　自己暗示をかける

たった一人の会社の商社の人間が、天下の大企業に売り込みに行く時、びびってはいけません。受付を通った後、すぐにトイレに入り、鏡を見て服装と髪型をチェックし、（この商談は限らず成功するのだ。得意先は限らず俺を必要としている）と自己暗示をかけるんです。この商談がうまくいったら、（銀座のてんぷら屋に行こう。いや外車を買おう）と具体的なイメージを膨らませるのです。

自然と態度に余裕が出て顔の表情が引きしまります。そして柔和になります。第一声に張りが出ます。

また商談がうまく行き、機械を搬入している姿をイメージします。（機械が動き出し、みんな工場の人は私に感謝しています）ということも、イメージします。

どのような商談でも、第一声は重要です。これは新聞の見出し、本のタイトル、広告のコピー、政治家の第一声、すべて同じです。第一声によって、相手の関心が高まります。自己暗示をかけるとすばらしい第一声が出てくると思います。このようなイメージトレーニングは、スポーツの世界を含めていろいろな分野に適用されますが、次のような言葉をたえず唱えることです。


「俺はついている。なにをやってもうまくいく」

「どんな難局がきても、乗り越える自信がある」

「いやなことが来ても、俺を一まわり大きくする試練の時だ」

「俺ほど幸せな人間はいない」

「俺の周りには良い人ばかりだ、だからすべてうまく行くのだ」

「神様に感謝しよう」

「私ならきっとできる」

「すべてのことは俺にとってプラスになる」

「幸せ感度を高めよう、どんなささいなことでも」


以上の言葉をたえず唱えるのです。

九　位負けしない

私は学生時代、劣等生で、コンプレックスの塊でした。人と話をするとボロが出るのではないかと心配し、話が苦手でした。人と話をすると私は「やっぱり駄目か」と過剰反応してしまう暗い性格でした。「閉じこもり」の一歩手前でした。

面談試験が苦手で、入社試験は二十四社すべて面接で落ちました。

これでは社会人が務まらないと思い、図太い神経をつくるのは首を太くすることだと本で読んだので、毎日寝る前にレスリング選手がやるようにブリッジをやり首を太くしました。なんだか精神が太くなったような気がしました。少し自信がつきました。

一つでもこの分野なら人に負けないという特技、趣味を持つと自信が湧きます。私は美術鑑賞が趣味でしたが仕事上プラスになりました。

最近、有名な創業者社長の所に売り込みに行きました。社長は大きな目で私を凝視し、一言も言葉を発しません。私はさかんに話をしますが反応がないのです。私は社長に完全に威圧されて、その場より逃げることばかりを考えていました。商品説明などまったくできず、相手に完全に飲み込まれてしまいました。しかし帰り際、社長は私にメモを渡し、一言「この人に会いなさい」と言いました。メモに書いてある人は機械購入の担当者でした。

営業を三十年やっている私でも、相手に飲み込まれる場合もあるので、若い人に飲み込まれるなと言っても無理な話です。これは本人が努力することによってしか克服できません。

相手を飲み込めとは、あがらないで、びびらないで、自分のペースで仕事をしなさいということです。

いろいろなことを体験しておくのも必要です。老舗の食べ物屋、上野のトンカツ屋、浅草のテンプラ屋、神田のソバ屋などを回って体験しておくべきです。時には一万円のフランス料理を食べる必要もあります。

私は年に二回、競馬や競艇に行きます。お客さんとの話題づくりのため行くのです。すべての体験は相手に飲み込まれないためです。

私は相手よりもいろいろな体験をしているのだ、いろいろ知っているのだと思っただけで、位負けしなくなります。

相手を飲み込めたら、すべて自分のペース、自分の力を一〇〇パーセント発揮し仕事ができます。

相手を飲み込むには、いろいろ体験と経験を積んで努力するしかありません。

十　すべてに対し行動型人間になる

私は栃木訛りがひどく、人と話すのが苦手でした。しかし会社勤めし、ロボット販売担当になり、苦労して販売したら、営業が好きになり行動的になりました。

営業とは行動です。最初見込客に飛び込み、ネバリ強く商談し、たとえ無駄な行動と思っても行動します。無駄かどうかは行動してみて初めて分かるものです。頭のよい人は動く前に無駄と判断して行動しません。私は頭が悪いから、動いてみて初めて無駄と分かります。無駄な行動が最も必要なのです。

ジャカルタ向け大型商談が受注できたのも、一日の仕事が終わり、会社に帰るころ、もう一軒と軽い冷やかしの気持ちで飛び込んだ無駄な営業の賜物です。

頭の悪い人は余計なことを考えないで行動しますが、それは必要なことなのです。私は体験上分かっています。

独立当時、お客さんを紹介してくれた小島さんと知り合えたのも、私のほうから小島さんにだれの紹介もなく電話した結果です。躊躇なく積極的に行動した結果です。

大学の先生や評論家の書いた、会社経営やマーケティングの本を読んでも、資料やデータをまとめているだけで、自分で体験していないから、参考にはなりますが文章の重みがありません。

会社勤めしたとき、私の上司は実直な性格の東大卒でした。仕事に関するすべての資料を分類、ファイリングし、きちんと整理していました。だれに聞かれてもすぐに回答できるし、温厚な性格でした。しかし何事をするにも慎重で、上司の指示待ちでした。積極的に自ら行おうとはしなかったのです。私から見れば単なる資料屋にすぎません。

ある会社で各人が目標を定め、達成したら合格にしました。各人すべてが目標を達成し合格しました。しかし会社は大赤字になってしまったのです。各人が摩擦を恐れ、低い目標しか立てなかったからです。

私は取引で二回の倒産に遭遇し、被害額ゼロに食い止めました。四千万円の不渡りを食らっても被害額ゼロで済んだのは情報力と行動力の成果です。

ある取引先の倒産のとき、前から情報交換していた大手商社の人がいました。私は前の晩、倒産（?）の情報をもらうと、すぐに行動しユニック付重機五台を手配しました。

私は一個人で命がけで機械の引き上げにかかっているとき、大手商社の社員はまだ寝ていました。倒産会社への到着時刻は朝五時と夕方四時の差、その十一時間が、不渡り金額ゼロと不渡り金額一億五千万との差になりました。

頭のよい人はすべての情報が完全に揃ってから動きますが、それでは遅いのです。私は少しの情報でも重要と判断したらすぐに動きます。情報の集め方も行動的にならなくてはなりません。私は頭が悪い分あまり余計なことを考えず、すぐに行動します。結果のことは考えません。それがよいのでしょう。

売上高と行動力は正比例するのです。

十一　なに事も徹底的にやる

何事も本気を出して徹底的にやってみることです。勉強は高校、大学と徹底的にやりましたが、辛うじて卒業できました。これは才能がないということです。天から授けられなかったのだから仕方ありません。「努力に勝る才能なし」といいますが、いくら努力しても才能のある人にはかないません。

しかし一歩社会に出ると、いろいろな要素で人間が評価されます。会社と独立した場合では評価が違います。つまり会社と社会の評価は別物です。私の場合、会社は認めてくれませんでしたが、独立したら社会が認めてくれました。ありがたい話です。社会が認めてくれたのは一つのことを徹底的にやったことです。徹底的にやるということは、そこから創意工夫が生まれます。セールスで「社長いますか」と飛び込むのも私なりの創意工夫です。社長に会うのは難しい。アポイントなんか取れない。しかし一度会ったら結論は早い。その醍醐味を何回も味わったから挑戦しているのです。

社長が目の前にいて「社長いないよ」と社長自ら断った例がありますが、それは当然です。なんの紹介もなしで、アポイントも取らず、突然来ても通常は会ってくれるわけがありません。しかし成功した例があるので挑戦するのです。

徹底的にやると、おもしろいもので必ずその業界のトップになる可能性があります。徹底的にやることは熱意が違うのです。その熱意はお客さんに伝わります。私は熱意ならだれにも負けないというプライドがありました。

個人営業の場合、自分と心の合ったお客さんだけ相手にすればよいのです。会社の組織ならできなくても個人ならできます。

だれもが徹底的に一つのことに打ち込んでもらいたいものです。

十二　すべてに感謝する

よく感謝しなさいといいますが、何に感謝するのか考えたことがありますか。すべてに感謝し、当たり前のことに感謝するのです。当たり前すぎて感謝できないのが普通です。

私は勤め人時代、感謝したことがありませんでした。今思うと高慢な考え方でした。

しかし独立すると、サラリーマン時代と違い、売上げ、資金繰り、売掛金回収、すべて不安定であり、無事乗り越えると自然と感謝の気持ちが出てきます。

これがサラリーマンだと、月給をもらうことも、会社が存続することも当たり前だと、感謝の気持ちは湧き上がらないものです。

「感謝することはありがたいと思うこと」。自身の心が快活になります。快活になれば人相もよくなり、人に可愛がられ成功のもとなので商売もうまくいくのです。

私が独立して初めて分かったことですが、感謝するということは、非常にご利益のあることなのです。

私は無宗教ですが、すべての宗教に共通する思想は感謝です。

私は独立以前は、この感謝の気持ちがなく損をしました。三度の食事にありつけたとか、交通事故にあわなかったとか、当たり前のことに感謝できない性格であって、子供のときより感謝する習慣がありませんでした。

しかし感謝することは、日本人の得意な分野です。

自然はコントロールのできない分野であり、その自然を克服し穀物を収穫したので、昔はすべての神に感謝しました。八百万《やおよろず》の神に感謝したのです。

その点は独立自営の仕事とまったく同じです。感謝の反対は不満足、不平、恨みです。不平、不満足を排除するために感謝したいものです。

サラリーマン時代、月給をもらっても（実際は振込みですが）感謝する気持ちが起きませんでした。月給の明細表をもらって、私はもっと月給以上働いているとか、他社と比較して安いとか、逆に不満を持つことが多かったのです。

しかし独立した後は、少しの売上げでも心から感謝し、少しの引合いでも喜んでお客さんの所に行きました。

この差はどこから来たのだろうと私は考えました。

組織で仕事をすると、まわりの人に気を遣い、その人の潜在能力の半分くらいしか発揮できないのではないでしょうか。協調性が優先する組織に向いていない人は、ストレスが溜まって素直に感謝できないのです。

自営業の場合、毎日一〇〇パーセントの自分の能力を発揮し、指令、命令されないから、ストレスが溜まらないので心から感謝する気持ちになるのです。

私は七十五歳になって突然、鼻（上顎洞）のガンと診断されました。幸にも手術が受けられます（世界には貧しくて医療の恩恵が受けられない人がたくさんいます）。ガンになったことにより、一日を最大限有意義に生き、神に感謝し質の高い生活を送ろうと思います。すべての人の命は有限です。人生を真剣に考えるようになったことを心から感謝します。

死は神様が決めた危機であるのでコントロールできないし、どうにもならない。心配して余計なエネルギーを消耗しないことにした。自分でコントロールできることのみ、平静に全力でやることにした。この本の出版も私の遺言です。

十三　教養を身につける

現代は電車の中で本を読んでいる人は少数です。みんなスマホを操作しています。私も学生時代は教科書以外の本をほとんど読みませんでした。社会人になり営業マンになって初めて、本格的に本をよむようになりました。営業は基本的には人間関係の仕事ですから、仕事以外の話ができないと、人間としての幅が狭すぎるし長続きしません。本を読むことによって、なんとなく「重厚な感じ」が顔や態度に出るのです。

本を読むことは、著者の体験や経験が参考になり、多くの知識が吸収でき、話題が豊富になり、人間関係がますます増します。

私はある商談であるイタリアの機械メーカーの社長に東京のホテルで会いました。雑談でその社長は「日本語、ただ一つ知っている」と言いました。「なんですか?」と私が質問すると「水島、一緒に日本に帰ろう」（「ビルマの竪琴」の名セリフ）と言いました。社長はローマ大学の講師をしているインテリで深い教養の持主であることが分かりましたので、ますます親しみを覚えました。

私の愛読書は次の三点です。今でもベストセラーです。

『人を動かす』デール・カネーギー著、創元社。私は人間関係が下手で、いろいろな所で失敗しました。学校でも教えてくれなかったし、このような教科書がなかったのです。この本に巡り合えて、さっそく応用してみました。

ある日一方通行の道路を逆走してすぐに警察に捕えられました。私は素直にすぐ謝りました。私はただただすぐに頭を下げ「ご苦労さまです。事故を未然に防いでもらって、警察官には心から感謝しています」。すると「本当に反省しているか」と聞かれました。「どんな小さな違反でも違反には変わりません、申し訳ございません」また深々と頭を下げました。「それだけ反省しているのなら今回は見逃してやる。次回から注意しろよ」と言われました。

「自分が悪いと思ったら相手に言われる前に自分のことをやっつける。そうすれば相手の言うことがなくなる」と本に書いてありました。さっそく本の応用が成功したのです。

『生き方』稲盛和夫著、サンマーク出版。

この本は何十回も読み返したので、本がボロボロになってしまいました。

本の主旨は、

「真剣に物事を取りくみ、神様が助けてくれるだけ働け」

「利他の精神、自分より他者の利を優先する」

私は人生の教科書と思って読みました。私の曲がった心を矯正する本です。

『わが蓄財の秘訣』本多静六著、実業之日本社。

戦前よりのロングセラー、すべてに質素倹約し、月給の二割は必ず預金すること、そのお金で山林投資して大成功でした。私も月給の一割は預金し独立資金を貯めました。

著者のモットーは「たえず快活であれば成功の基」と書いてあります。私は日記帳に写し、仕事を始める前に心で唱えていました。

十四　判断力を磨く　Ⅰ

私は飛び込み営業が唯一、最善の方法だと思って、もっぱら、得意先を開拓しました。飛び込みと言っても電車に飛び込むのではないのです、誤解しないで下さい。営業の基礎となる情報収集も飛び込み営業ができてこそ次の展開があるのです。

やはり営業は足で稼いだ自分だけのきめ細かい情報が命なのです。だれもが知らない、あなただけの価値ある情報なのです。

ある日の夕方五時ごろ、一日の仕事が終わって、疲れた体を公園の駐車場で休めていました。後は事務所に帰ろうと思いました。そのとき目の前にプラスチック工場らしき物があり、試しに飛び込んでみたら、偶然そこの社長に面会できました。結果的にはジャカルタ向け輸出、六千万円の注文を受注できたのです。飛び込み営業は行動して初めて分かることばかりです。びっくりする効果があります。いかにあきらめない行動が重要かです。

① 訪問した会社の経営はしっかりしているのか？
② 運良く面会できた人は権限者なのか？

この点はインターネットでは分からないのです。判断力と営業力はまさしく表裏一体なのです。

判断力を磨くのは、ムダのような飛び込み営業が一番重要なのです。飛び込み営業して、初めて人と会えるのですし、それから努力して発注権限者にたどりつくのです。

判断力を磨くのは、やはり株式投資です。

私の場合、営業上いろいろな機械メーカーの代理店をやっており、その会社の技術力、営業力、工場稼動等の情報が代理店の私に入っていました。特にその機械の性能が最大のセールスポイントですので株価に直結しています。

また得意先も、自動車部品メーカー、弱電メーカー等、株式投資の対象でした。

私は仕事の内容上、会社をよく観察していました。その延長上株の売買をしていたので、ほとんど株では失敗しませんでした。証券会社の営業マンが「私にその秘密を教えてもらいたい」と来たくらいです。

証券会社の講演会の推奨銘柄は、すべて高値圏での株が多いので私は買わなかったです。証券会社は各資料が調査部より営業部、または各支店に廻ってくるので、タイミング的に遅いのです。調査部はその会社の経営分析が主で、ＰＥＲとかＰＢＲです。その会社の技術評価力はあまりできないのです。

一般的に証券会社は株の売買の手数料で稼いでいますが、私どもは株の売買益です。目的は違うのです。

株での勝利者になるには、優良企業が一時的にコケた場合、または大幅に下落した場合はチャンスです。そのときは株価は安いので、大量に買って忍耐強く、長期間（最低五年間）保有することです。

私の仕入先の株価が住友重機械三十八円、日本製鋼四十六円の時があったのです。その時がチャンスなのです。最近ではシャープ九十円の時がありました。

私は子供時代、塾や予備校には一切行かず、学校には行きましたが野に出て自給自足を体験し、いろいろな動物を観察し動物と遊び、ハダで物事を感じる習慣で作ったことは、すべての判断力の基礎を作ったと思います。そのような判断力が、仕事にも株式投資にも生きていました。人間はテストの結果の成績でないのです。数値で表せない「問題を見つけ解決する能力」「状況判断力」「忍耐力」なのです。そのような能力は、子供のころから自然の中で育成されるものなのです。

私の仕入先に未来工業という電機のメーカーが岐阜県にあり、私は社長とは仕事を通じて交際がありました。

未来工業は主に電機関係のカタログ通販が主で年間売上四百億円の優良企業でした。また社長は劇団「未来座」の監督出身で、異色の人物でした。

あるとき「カタログに載っている製品をカタログから削除したい、販売数量が少ない赤字製品」と部下は社長に提案しました。社長は部下に言いました。「販売中止するより価格を三倍に値上げしてみたら自然と引合いはなくなるよ」。しかし値上げしても販売数量はまったく落ちず会社のドル箱になりました。

社長は元劇団の監督だけあって判断力は優れているのです。社長は出張の時、グリーン車に乗らない、安いホテルに泊まる、焼鳥屋に飲みに行く。理由は、若い人となるたけ接触して感覚（判断力）を磨いているのです。

判断力を磨く　Ⅱ（裁判員になって）

判断力が最も求められるのは裁判ですが、私は裁判員の経験があります。

裁判員は七十歳までですが、私が六十九歳のとき裁判員に選ばれて準公務員の資格で出勤しました。

朝九時から午後五時まで裁判所より外出禁止なので、まったく自由のない拘束された日々だったため、私は裁判所より懲役十四日間の判決を受けたような感じでした。お昼に外のレストランにも行けず、もっぱら支給された幕の内弁当を食べていました。理由は外で双方の弁護士や被告人に会う可能性があるからです。

私は持病の高血圧と糖尿病が悪化し、医者より裁判員をやめるよう言われ、途中でリタイヤしようと思っていましたが、裁判には前より興味があり、最後まで辞退はしませんでした。

一般市民が突然裁判員に選出されて、審理に出席しても戸惑うばかりです。

少しは裁判所は裁判員に審理に入る前に、裁判の予備知識を与えるべきです。

私が一番年長者だったので、みんなより委員長とよばれ、三回に渡り裁判所の帰り道、全員（裁判員六人、裁判員補六人、計十二人）で焼鳥屋に行って法学入門の話をしました。話の内容は以下の通りです。

一、なぜ裁判員制度が日本に導入されたのか
一、民事と刑事事件との相違
一、国選弁護士とは、その役割と報酬
一、日本の裁判制度と上告について
一、被害者（検察側）になぜ弁護士がいるのか
一、裁判官の月給、裁判長の年収
一、被害者参加制度とは

まったくの初歩的な内容を質疑応答形式で説明をしました。

困ったことに審理の時、裁判員のみんなが私の意見に従おうとしたので、各人の判断で意見を述べるよう強く言いました。

裁判員制度とは刑事事件に関して、市民の判断力を求めているのです。私の意見に従うのは制度の目的に反すると思ったからです。

裁判員は抽選で選ばれただけにいろいろな人がいます。一切話をしない、引きこもりの

ような感じの若い人が、だんだん場になれて来て、小さい声で話をするようになりました。このまま社会人として自信をつけてくれれば良いなと思いました。

スーパーマーケットでパートで働いている、中年の奥さんもいました。この奥さんは、パートの手当より裁判員の手当のほうがいいということで、皆勤でした。しかし事件の内容は理解できず、審理の時は一切発言しませんでした。発言を求められると「みなさんにおまかせします」の一言でした。しかしこの奥さんは焼鳥屋の飲み会には喜んで参加してくれました。本来お酒は好きなようです。大阪出身だけあって関西の話は喜んでしてくれました。裁判所より交通費のバス代はもらっていましたが、実際は自転車で来ているというのが自慢でした。女性二人からは酒代は取りませんでした。堅苦しい雰囲気の中ではこのような人が必要なのです。

裁判員制度の判決は罪が重くなる傾向にあります。女性にはその傾向が強いです。なぜなら裁判員は初めての経験なので、被告をすべて先入観で罪人と判断する傾向があるからです。しかし足利事件（幼稚園児殺人事件のこと。まったく事件に関係ない幼稚園の運転手が無期懲役の判決を受けた）のように誤った判決があるので、十分注意したいです。

裁判官と裁判員の意見が対立すると、経験上裁判官が勝つと言われますが、そんなことはありません。今回の件はすべて裁判官が譲歩してくれました。なぜなら判例がなかったからです。

社会的な経験を積んだ裁判員の意見は貴重だし、温室育ちの裁判官にはないものがたくさんあります。裁判官は過去の判例を重視する傾向にあります。

自営業の内装工事屋さんは、裁判員の審理が終わってから夜勤で仕事をやり二時間の仮眠を取り、また裁判所に来るという、タフネスマンでした。彼は四十代半ば、中卒で、必死に裁判のことを勉強したいという向学心に燃えていました。

私は刑務所に収監されると、囚人一人当たり年間どのくらいの費用がかかるのか知りたいと思いました。再犯のおそれのない初犯の場合は、なるたけ執行猶予をつけ、実社会で働いて国家に税金を納めてもらったほうがいいのではないかと思います。

裁判員制度は各人の判断力を試すよい機会です。しかし長期間にわたる裁判は裁判員の精神的な負担が重く、なにかの負担軽減を図るべきだと思います。

判決が下り一週間後、私の水彩画の個展がありました。あの大阪の奥さんも、そしてタフネスマンも、裁判員の仲間がみんな来てくれました。みんな裁判員をやった達成感がみなぎっていました。みんなひとまわり大きくなった感じがします。そして私のことを相変わらず「委員長」と呼んでくれました。

あとがき

ワンマンカンパニーは、いかに有利か！

日本の税法では、サラリーマンは一〇〇パーセント所得は網羅され源泉徴収される。しかし自営業の場合は確定申告なので、たとえば自動車はガソリン代も車検代も会社の費用になる。当然自動車も減価償却の対象になる。家族旅行も研修旅行費とし、飲食代も会議費として一人当たり五千円認められる。赤字の繰越しは十年間認めてくれるし、妻の事務専従も認めてもらえる。また社内、旅費規定を作り、適用すれば月十万円は非課税所得になる（たとえばグリーン車利用、宿泊費は二万円とする）。個人会社の場合、名目所得より実質所得に重きを置く。その分所得税が安くなる。

次はワンマンカンパニーの場合、定年が無いことである。定年になると寂しく、新しい職場もなかなか馴染めず、孤独になる。

個人会社の場合定年がないので、仕事量を少しずつ減らし、八十歳で働いている人もいる。老人になっても社会との交流が欲しい。また、若い時よりスピンアウトする訓練をしてもらいたい。

私の仕入先、得意先の担当者は三十歳台の人が多い。その中に入って一緒に働くだけで、若返るような気がする。

またワンマンカンパニーには夢がある。働いて成功すれば、外車、ヨット、高級ゴルフクラブの会員、海外旅行等の夢が実現する。

私は四十六カ国海外旅行（半分はビジネスだが）した。

夢を実現するため一生懸命働く。すべての儲けが自分の物になるのだから。

私はサラリーマン時代、若年性高血圧と糖尿病だったが、独立したら正常に戻った。理由はストレスがないことと、自分のペースと健康第一で生活を送れることである。余った時間はレジャーや運動や自己啓発に没頭した。

人生は一回だけだ。ぜひワンマンカンパニー（独立）に挑戦し、充実した人生を送ってもらいたい。

最後に、私に独立を決断させた言葉、「成さざる後悔、成したる後悔」で本書を終わりとする。

沼尾　友義

著者プロフィール

沼尾 友義（ぬまお ともよし）

1944年、栃木県生まれ。

武蔵大学経済学部卒業。

入社試験25番目に市光工業に縁故で入社（ほかは面接ですべて不合格）。

製造（夜勤）、営業、企画、経理、研究開発の各部を回る。

35歳のときリストラで退社し、機械販売業として独立。社員一人で40年にわたり年間売上げ2億円を続ける。

現、株式会社ソケン実業社長。

趣味、油絵。太平洋美術会所属。

著書『リストラに負けない！』（碧天舎）、『たったひとりで60億売り上げる仕事術』（幻冬舎ルネッサンス）

営業マンは夢のあるワンマンカンパニーでやりなさい

2019年9月15日　初版第1刷発行

著　者　沼尾 友義
発行者　瓜谷 綱延
発行所　株式会社文芸社
〒160-0022　東京都新宿区新宿1－10－1
電話　03-5369-3060（代表）
03-5369-2299（販売）

印刷所　株式会社フクイン

ISBN978-4-286-20841-1